Roberto Brodsky, Mamoun Hassan,
Andrés Wood

Machuca

Notas de Verónica Romero

Ernst Kl
Stuttgar

Roberto Brodsky, Mamoun Hassan, Andrés Wood

Machuca

Notas de Verónica Romero

1. Auflage 1 [6 5 4 3 2] | 2015 14 13 12 11

Internetadresse: www.klett.de / www.lektueren.com

Redaktion: Marcelo Rodríguez
Gestaltung und Satz: Satzkasten, Stuttgart
Titelbild: Tiberius Film, München
Druck und Bindung: AZ Druck und Datentechnik GmbH, Kempten/ Allgäu
Printed in Germany

ISBN 978-3-12-535543-9

Índice

Prólogo

El séptimo arte es la manifestación artística más importante del siglo XXI y también la que goza de mayor prestigio y difusión en las sociedades modernas. Con el cine se puede aprender casi todo: historia, geografía, literatura, arte, música ... y otros idiomas. Para el estudiante de lenguas extranjeras, el cine es una fuente de muestras lingüísticas verosímiles, variadas y contextualizadas, y es también una puerta abierta al conocimiento de la otra cultura. Y todo ello acompañado del carácter lúdico y motivador de la gran pantalla.

La lectura de un guión como el que aquí presentamos es un apoyo fundamental para el visionado de la película por tratarse *Machuca* de un largometraje, género cinemátográfico nada fácil para su tratamiento en clase si se tienen en cuenta la extensión del film y el escaso tiempo con que se cuenta, pero también la complejidad temática y narrativa que puede presentar este género. Sin embargo, con este nuestro primer largometraje de la serie *Cinemateca*, queremos animar al docente de español a utilizar largometrajes en su clase, concientizándolo de las numerosas ventajas que encierra esta actividad:

- impulsos audiovisuales
- desarrollo de la capacidad analítica
- entrenamiento de la destreza de seguir paralelamente una variedad de temas durante del desarrollo de la trama
- desarrollo de la competencia comunicativa
- desarrollo de la imaginación
- contribución al pensamiento crítico y reflexivo
- posibilidad de trabajar aspectos socioculturales de la lengua

Un lugar especial entre las ventajas lo tiene sin duda la lengua: En *Machuca* el espectador entra de lleno en el mundo del español de Chile y en los lenguajes coloquial y juvenil, algo que siempre es bienvenido en clase por el grado de autenticidad que estos elementos le confieren al material y de la que, por naturaleza, carecen los manuales de lengua.

A pesar de tratarse de una joya del cine chileno adecuada para todo tipo de público, en el caso de los alumnos adolescentes *Machuca* se presta de manera ideal para su tratamiento en clase porque los personajes se mueven constantemente en dos entornos de gran importancia para el público de esta edad: la escuela y la familia. Se establece así de forma inmediata un puente afectivo entre el alumno y los personajes, lo que a su vez aumenta la motivación y contribuye a una mejor comprensión de la película.

Estos son los motivos que nos animaron a publicar el guión de cine que tiene en sus manos y con el que esperamos quede absolutamente satisfecho. La historia gira en torno a Pedro Machuca, un niño chileno de origen modesto que ingresa a un distinguido colegio privado gracias a la generosidad y compromiso social del director del mismo, quien en 1973, con Allende en el poder y con el Socialismo recién instaurado en un país con marcadas diferencias sociales y con grandes tensiones entre las clases alta y los sectores pobres, decide llevar a cabo un experimento abriendo las puertas del colegio a un puñado de niños de familias humildes de Santiago. Allí Pedro Machuca entabla amistad con Gonzalo Infante, un chico de familia acomodada, lo que llevará a una serie de enemistades y conflictos entre bandos enfrentados y que tendrá como telón de fondo político el golpe militar de 1973 y la consiguiente caída del gobierno socialista.

Este libro contiene el texto íntegro del guión, notas explicativas de vocabulario, así como datos de interés sobre los autores del texto y sobre el director del largometraje.

Deseamos que esta lectura sea de su agrado y de provecho y, sobre todo, le despierte el interés por conocer más a fondo el cine en español y le anime a buscar otras lecturas de nuestra colección *Cinemateca*

La redacción

Machuca

Guión cinematográfico

SOBREIMPRIME EN NEGRO:

SANTIAGO DE CHILE, 1973

FADE OUT

1. INT – CASA GONZALO (PIEZA GONZALO) – MAÑANA

FADE IN

Las manos de un niño de tez clara abotonan una camisa blanca. Se mete la camisa dentro de sus pantalones grises. Se acomoda una corbata burdeo. Se coloca un chaleco de lana azul marino, y entrevemos sus cabellos rojizos. En el suelo, el pijama y la camisa sucia. La cámara panea a sus zapatos negros que son abrochados cuidadosamente. Se coloca una chaqueta azul marino con una insignia. Se observa frente al espejo. Vemos a GONZALO, un niño de 11 años, de tez clara y rasgos delicados. Sonríe levemente. Le gusta lo que ve.

CORTE A:

2. INT – CASA GONZALO (COCINA) – MAÑANA

Las manos de LUCY, la empleada doméstica, cortan una marraqueta sobre una tabla de madera. GONZALO sentado en la mesa de la cocina, bebe apurado un vaso de leche fría. Mira a su hermana ISABEL, de quince años, sentada frente a él. Tiene la cabeza tapada por la portada de una revista "ONDA" y fuma un cigarrillo. La radio transmite noticias.

3 **FADE IN/OUT** *cin* indica que asciende/desciende el volumen – 4 **una pieza** *AmS* dormitorio – 7 **la tez** piel, principalmente la del rostro – 7 **abotonar** → un botón – 9 **acomodarse** *aquí:* ponerse – 9 **un chaleco** *aquí:* prenda de vestir, generalmente de lana y con botones – 10 **entrever** ver de forma confusa – 10 **rojizo** de color rojo – 11 **panear** *rar;* sonst *cin* girar, dirigirse a – 12 **abrochado** cerrado con broches, botones, etc. – 14 **un rasgo** línea – 18 **una empleada doméstica** persona encargada del trabajo doméstico en una casa – 19 **una marraqueta** grupo de panes que se pueden separar sin cuchillo y con facilidad – 22 **revista "ONDA"** revista juvenil chilena de los años 70. Algunos temas eran: sexualidad juvenil, militancias políticas, juventud y trabajo. La revista aspiraba a conseguir lectores jóvenes de origen popular, presentando una nueva dimensión de la realidad chilena. Apareció quincenalmente hasta el 11 de septiembre de 1973.

Las manos de LUCY entregan a las de GONZALO el sándwich envuelto en servilleta.

LUCY
Gonzalito, ¡se lo come todo ah!...

GONZALO
Ya, gracias.

GONZALO sale. ISABEL se levanta de la silla. Apaga el cigarrillo en un cenicero. Sale.

CORTE A:

3. INT – CASA GONZALO (ENTRADA/ESCALERAS/ PIEZA PADRES) – MAÑANA

GONZALO con su bolsón de cuero en la mano camina apurado hacia la puerta entreabierta de salida de la casa. Se alcanza a ver la espalda de un hombre, PATRICIO, quien nerviosamente busca algo en el bolsillo de su chaqueta. Finalmente saca unas llaves. GONZALO se acuerda de algo, y se da media vuelta. ISABEL viene bajando escalera y se topa con GONZALO que la sube.

ISABEL
¡Apúrate!

GONZALO abre la puerta de un dormitorio y mira hacia adentro.

GONZALO
¡Mamá!

MARÍA LUISA acostada en la cama boca abajo, pronuncia algo inentendible y levanta su mano izquierda para despedirse.

1 **entregar** poner en manos o en poder de otra persona – 2 **envolver** rodear, cubrir un objeto parcial o totalmente con el uso de tela, papel u otra cosa parecida – 2 **una servilleta** pieza de tela o papel que se usa para limpiarse los labios y las manos cuando se come – 3 **come** (Ud.) en Latinoamérica a menudo se utiliza la forma verbal de *Ud.* para demostrar mucha confianza y cariño – 8 **un cenicero** objeto para poner la ceniza y la colilla del cigarrillo – 12 **un bolsón** *aquí:* bolsa grande para llevar los materiales escolares – 12 **apurado** con prisa – 17 **toparse** *aquí:* encontrarse casualmente – 26 **inentendible** que no se entiende

MARÍA LUISA
(Totalmente dormida)
Chao, mi amor.

GONZALO cierra la puerta.

CORTE A:

4. EXT – COLEGIO ST. PETER´S (FRONTIS) – DÍA

Autos se mueven en la calle. Niños se bajan de otros estacionados. El auto de PATRICIO está detenido. GONZALO se despide de beso con su padre. Se baja y camina hacia adentro del establecimiento escolar. Es la hora de entrada del colegio. Otros niños caminan en su misma dirección. Todos hombres y vestidos igual.

CORTE A:

5. INT – COLEGIO ST. PETER´S (PASILLO) – DÍA

Decenas de alumnos avanzan por uno de los pasillos del colegio. Conversan entre ellos. Ríen.

CORTE A:

6. EXT – COLEGIO ST. PETER´S (PATIO) – DÍA

El patio del colegio es un mar de alumnos vestidos de azul y gris. La campana suena y los niños se apuran.

6 **frontis** fachada (Fassade) de und edificio o casa – 8 **estacionado** parado, aparcado – 8 **detenido** parado, sin movimiento – 9 **despedirse** decir adiós antes de irse – 10 **una entrada** espacio por donde se entra a alguna parte – 11 **un hombre** *aquí:* männlich – 15 **avanzar** seguir, continuar – 19 **un patio** lugar en el colegio donde los alumnos juegan – 20 **apurarse** *Am* hacer uc rápidamente

CORTE A:

7. EXT – COLEGIO ST. PETER´S (FRONTIS) – DÍA

Un letrero dice

St. Patrick, An English School for Boys

CORTE A:

8. INT/EXT – COLEGIO ST. PETER´S (SALA DE CLASES) – MAÑANA

La clase está en silencio. Un grupo de niños escriben concentrados en sus cuadernos. Uno pide goma de borrar a otro.

ALUMNO
¡Hey, goma!

GILDA, la profesora, de unos cuarenta y cinco años y aspecto formal, los hace callar.

GILDA
Silence, please.

GONZALO escribe y es golpeado en el brazo por un compañero que está sentado detrás de él. GONZALO se da vuelta hacia quien lo golpeó. Es GASTÓN ROBLES, parece algo mayor, quien le indica hacia la ventana.

ROBLES
Mira.

GONZALO se asoma por la ventana, ve a un grupo de cinco niños, sin uniforme escolar, que siguen a un sacerdote. Mira hacia otro lado y ve otro grupo similar con otro sacerdote. De

3 **un letrero** Schild – 8 **el silencio** falta de sonido, ruido – 9 **concentrado** muy atentos en la realización de una actividad – 17 **golpear** → golpeado – 18 **darse vuelta** *aquí:* girarse – 19 **parecerse** verse de forma similar, asemejarse – 20 **indicar** mostrar, señalar – 23 **asomarse** mostrarse, dejarse ver – 24 **un sacerdote** persona que trabaja en la iglesia católica, responsable por la celebración de la misa y otras actividades – 25 **similar** parecido, semejante

repente, la puerta se abre. Rápidamente entra el sacerdote BILL MC ENROE, vestido con ropa sencilla y una cruz de madera al cuello, junto a cinco niños. Lleva en la mano una hoja de papel. Automáticamente todos se paran.

NIÑOS
(Casi cantando)
Good morning, Father Mc Enroe.

PADRE MC ENROE
(Con acento norteamericano)
Buenos días, boys.

GILDA se acerca al PADRE MC ENROE y hace un guiño de desagrado.

GILDA
(Haciendo énfasis en el inglés)
Good morning, Father.

El PADRE MC ENROE saluda con un gesto a GILDA, le entrega la hoja de papel y enfrenta a la clase.

PADRE MC ENROE
Aquellos que hayan reparado que el Bulletin Board es para leerlo, se habrán dado cuenta de que hay algunos cambios en el colegio… tenemos nuevos compañeros. Estos amigos viven muy cerca de aquí. Muchos de ustedes se habrán cruzado con más de alguno en el camino, ¿mmm?

Los cinco niños nuevos son de otro mundo. Están vestidos con pantalones y sweaters en diferentes tonos de grises y azules. GILDA los observa seria. El cura mira al curso inquisitivamente. No hay reacción en el curso.

PADRE MC ENROE
¿Cómo? Si viven a unas cuadras de aquí…

2 **sencillo** simple, sin adornos ni lujo – 3 **el cuello** parte del cuerpo humano que une la cabeza con el resto del cuerpo – 3 **una hoja de papel** pedazo de papel que se usa generalmente para escribir – 11 **acercarse** aproximarse, llegar cerca – 11 **un guiño** movimiento de los ojos usado para expresar uc sin palabras – 12 **desagrado** ≠ agrado – 16 **un gesto** movimiento facial o de las manos usado para expresar uc sin palabras – 19 **reparar** notar, observar – 20 **darse cuenta** entender, comprender – 26 **inquirir** investigar, examinar – 29 **una cuadra** medida usada para expresar la distancia existente entre dos calles

IGNACIO HAMILTON levanta la mano.

PADRE MC ENROE
¿Sí?

HAMILTON
Yo conozco a él. *(Lo señala con el dedo)* Es el hijo de la señora que lava la ropa en mi casa, ¿Hola Cristián?

RIQUELME, uno de los niños nuevos, tímido, levanta la mano para saludarlo.

PADRE MC ENROE
¡Mira que bien! ¡Ahora son compañeros!
(A todos)
Espero que los recibamos correctamente, como se recibe a un hermano, a unos nuevos amigos. ¿Ok?

Los niños se miran sin comprender mucho.

PADRE MC ENROE (CONT'D)
(Orgulloso)
Good!

Miss GILDA rompe el silencio.

GILDA
¡Bien! Por favor niños, vayan a sus asientos.

GILDA les indica donde sentarse. PEDRO Y RIQUELME se van a sentar juntos. PADRE MC ENROE reacciona.

PADRE MC ENROE
¡Un momento!

GILDA y los niños se detienen. GILDA se ve molesta.

PADRE MC ENROE (CONT'D)
No quiero que los nuevos se sienten juntos. ¡Usted!

10 **un compañero** → acompañar *aquí:* personas que frecuentan el mismo colegio y curso – 14 **comprender** entender – 16 **orgulloso** → orgullo (Stolz)

(Señala a ROBLES, quien se sienta atrás de GONZALO. El niño se apunta a sí mismo)
¡Sí, sí usted! Tome sus cosas y vaya a sentarse allá (le indica un puesto en otro extremo de la sala).

ROBLES, desganado, obedece. El resto del curso se mira confundido. MC ENROE apura a ROBLES.

PADRE MC ENROE
¡Más ánimo!

El PADRE MC ENROE se acerca a uno de los niños nuevos, PEDRO, quien iba a sentarse junto a RIQUELME antes de que el padre los detuviera.

PADRE MC ENROE
Y Usted. ¿Cómo se llama?

El niño, moreno, lo mira tímido con sus ojos negros brillantes.

PEDRO
(Muy bajo)
Pedro Machuca, señor.

PADRE MC ENROE
No escucho, más fuerte *(se pone la mano en el oído).*

PEDRO
(Volumen medio)
Pedro Machuca.

PADRE MC ENROE
¡Más fuerte!

PEDRO
(Casi gritando)
¡Pedro Machuca!

Todos los niños ríen. GONZALO lo mira sonriendo. El PADRE MC ENROE inclina su cabeza y mira a PEDRO.

1 **apuntarse** indicarse, mostrarse – 5 **desganado** sin ganas – 6 **confundido** poco claro, perturbado, con dudas – 6 **apurar** dar prisa, acelerar – 8 **el ánimo** entusiasmo, ganas

PADRE MC ENROE
Así está mejor.
(Pausa)
Hay que hacerse escuchar, Machuca. Toma tu lugar.
(Le indica el puesto que quedó vacío, atrás de Gonzalo)

Mientras el Padre Mc Enroe continúa con su reordenamiento de la sala, PEDRO camina hacia su pupitre. Camina desganado. Mira a GONZALO, quien lo sigue con la vista hasta que se sienta a su lado. Los dos niños se miran. El PADRE MC ENROE se retira.

PADRE MC ENROE
Good bye, children!

Los alumnos antiguos se paran para despedirse. Los nuevos no entienden qué sucede y se paran a destiempo, especialmente PEDRO. GONZALO le hace una seña para que se levante.

NIÑOS
(Cantado)
Good bye, Father Mc Enroe.

9. EXT – COLEGIO ST. PETER´S (PATIO) – DÍA

Es la hora del recreo. Un desordenado bullicio lo cubre todo. GONZALO, que está solo sentado, se come un emparelado de mortadela. Mira al otro lado del patio y ve a LISANDRO TORO, el más grande de todos los nuevos compañeros de GONZALO, desafiante, quien observa apoyado en un pilar. Los demás niños recién llegados se han agrupado entre ellos. PEDRO camina por el patio y trata de chutear una pelota que viene en el aire, pero cae lejos. Sigue caminando. ROBLES abraza a GONZALO y se sienta a su lado. Lo acompañan HAMILTON y los MELLIZOS GÓMEZ.

6 **reordenamiento** ordenar nuevamente – 7 **un pupitre** mesa con una tapa que se usa en la escuela para escribir – 10 **retirarse** irse – 14 **a destiempo** sin sincronización – 15 **una seña** gesto; comunicar uc sin palabras – 20 **un recreo** *aquí:* tiempo libre entre las diferentes asignaturas – 20 **el bullicio** ruido – 21 **un emparelado** *Chi* sándwich – 24 **desafiante** → el desafío (Herausforderung) – 24 **un pilar** objeto que sirve para apoyar uc – 26 **chutear** *Chi* chutar (golpear una pelota con el pie)

ROBLES
(irónico)
¡Tan solito!… ¿Cómo está ese sándwich Infante?

GONZALO, sin que ROBLES se lo pida, le pasa lo que queda de su sándwich. ROBLES le da una gran mascada y lo saborea.

ROBLES
(Todavía masticando)
¡Mmm, está rico! *(le acerca el pan a Gonzalo)* ¿Lo querís? ¡Toma! *(Ríe y le aleja el pan, se lo pasa a amigos).* Tomen.

Los amigos comen del pan y se lo pasan entre ellos.

ROBLES
(Todavía masticando)
Te cagó el cura, ¿Y a quién le vai a copiar ahora?

GONZALO lo mira indiferente. Amigos y ROBLES ríen. ROBLES se fija en PEDRO.

ROBLES
Oigan, miren…miren a ese huevón *(Robles le indica con la mano a Pedro que se acerque).*
¡Oye! ¡Machuca! ¡Oye! ¡Machuca, ven poh, huevón!

PEDRO mira a todos lados, trata de tomarlo en cuenta. De mala gana se acerca. ROBLES lo mira con una sonrisa. Después de un momento, PEDRO cruza el patio lentamente. ROBLES invita a sus amigos.

ROBLES
Vamos a huevear un poquito.

ROBLES va a su encuentro junto a amigos. GONZALO permanece sentado y expectante.

5 **una mascada** → mascar; pedazo que se saca de uc mordiéndolo – 5 **saborear** auskosten – 8 **querís** *Chi* quieres – 13 **cagar** *vulg aquí:* versauen – 13 **vai** *Chi coloq* vas – 17 **un huevón** *vulg Chi* estúpido, imbécil – 19 **poh** *Chi coloq* pues – 25 **huevear** *Chi* molestar, provocar – 27 **expectante** que espera con curiosidad

ROBLES
Hola Machuca, yo soy
(repentinamente grita)
¡Gastón Robles!

ROBLES se ríe de su chiste y mira para atrás para la aprobación. Los niños se ríen. GONZALO no se inmuta. PEDRO permanece serio.

ROBLES
(Sonriéndose intenta abrazar a Pedro)
No, si es broma.

PEDRO no permite que lo abrace y le baja la mano.

ROBLES
Oye, tranquilo, si no te interesa conocer amigos, está bien… Yo quería pedirte que me devolvieras mi puesto.

PEDRO
¿Y por qué?

ROBLES
No tengo porque darte explicaciones… yo quiero sentarme al lado de mi amigo.
(Señalando a Gonzalo)

PEDRO
Bueno que se mueva tu amigo.

GONZALO niega con la cabeza.

ROBLES
Mira, nosotros les hacemos un favor aquí. Ustedes no pagan el colegio y nuestros papás pagan por ustedes ¿Y ahora quieren poner las reglas? ¡Ni cagando huevón!

PEDRO
(Yéndose)
¿Sabís qué? ¡Anda a alegarle al cura mejor!

5 **un chiste** historia corta para reírse – 6 **inmutarse** cambiar uc demostrar alguna reacción – 10 **una broma** asunto que no es serio – 11 **permitir** erlauben – 14 **un puesto** asiento – 20 **señalar** mostrar, marcar – 23 **negar** decir que no – 27 **¡ni cagando!** *vulg* nie im Leben! niemals!

PEDRO se va. ROBLES lo mira alejarse.

ROBLES
(Casi murmurando)
¿Cómo que el cura, concha de tu madre? Se llama Father Mc Enroe.

ROBLES da media vuelta con sus amigos y camina hacia GONZALO. Sus amigos lo siguen.

10. EXT – COLEGIO ST. PETER´S (FRONTIS) – DÍA

Es la hora de salida del colegio. Hay bastante movimiento de autos y niños. MARÍA LUISA, bella y sensual a sus 35 años, mira la hora y espera apoyada en el capot de un Fiat. Levanta la vista y ve a GONZALO, quien camina hacia ella. Sale a su encuentro y lo besa en las mejillas, eufórica.

MARÍA LUISA
(Excesivamente cariñosa)
Hola mi gordito…

GONZALO
(Esquivando los besos)
Ya Mami, con eso es suficiente… ¡mami!

MARÍA LUISA
(Mientras lo sigue besando)
¡Otro!

GONZALO
(Trata de zafarse)
¡Ya mami! ¡no!

MARÍA LUISA
(Lo suelta) ¡Ay!

30 **sabís** *Chi coloq* sabes – 30 **alegar** discutir – 30 **un cura** *coloq* sacerdote; persona que trabaja en la iglesia católica responsable por la celebración de la misa y otras actividades – 3 **murmurar** hablar de manera suave – 4 **concha de tu madre** *AmS vulg despect* insulto (Beschimpfung) referido a la parte externa del aparato genital femenino – 10 **bella** hermosa, bonita – 10 **sensual** relativo al deseo sensual – 11 **un capot** parte delantera de un coche, que cubre el motor – 13 **eufórico** → euforia; sensación positiva, asociada al entusiasmo – 15 **cariñoso** afectuoso, que demuestra sentimientos – 18 **esquivar** ausweichen – 24 **zafarse** loswerden

MARÍA LUISA abraza a GONZALO por el cuello mientras caminan.

MARÍA LUISA
¿Por qué te demoraste tanto oye?

GONZALO
(Extrañado)
Pero si me vine directo…

MARÍA LUISA
(Lo mira orgullosa)
¿Sí?

GONZALO
Sí…

MARÍA LUISA lo vuelve a besar mientras caminan.

11. INT/EXT – CALLE DE SANTIAGO (AUTO MARÍA LUISA) – DÍA

Mientras salen del colegio la mujer y el niño conversan. GONZALO va en el asiento del copiloto.

MARÍA LUISA
¿Alguna novedad en el colegio?

GONZALO mira por la ventanilla.

GONZALO
No, nada.

MARÍA LUISA
¿Te mandaron mucha tarea?

GONZALO mira hacia afuera y descubre a PEDRO caminando solo a través de un sitio eriazo. Más atrás va un grupo de los niños recién integrados.

4 **demorarse** sich verspäten – 26 **un eriazo** pedazo de tierra sin cultivar

GONZALO no contesta, está concentrado en los niños integrados.

MARÍA LUISA
¡Oye cabeza de pollo!
¿Me estás escuchando o no?

GONZALO
(Totalmente ausente)
Sí…

MARÍA LUISA se da cuenta de que su hijo no le presta atención.

MARÍA LUISA
¿Oye sabías que esta mañana…

MARÍA LUISA Y GONZALO
(Al unísono)
… los marcianos aterrizaron en el centro de Santiago?

GONZALO se gira y la mira, se acomoda en su asiento.

GONZALO
Sí, ya sabía.

MARÍA LUISA
(Se sonríe)
Me vas a acompañar a hacer una diligencia ¿Ya?

GONZALO
(Atiende rápidamente, le suplica)
No, mamá. ¿De nuevo? ¡No!

MARÍA LUISA
(Tranquila, le ordena)
Sí, mamá. Sí, de nuevo.

4 **un cabeza de pollo** persona que se olvida frecuentemente de diferentes asuntos – 14 **el unísono** con el mismo sonido, *aquí:* hablar al mismo tiempo – 15 **un marciano** supuesto habitante del planeta Marte – 21 **una diligencia** Dienstgeschäft, Erledigung – 23 **suplicar** solicitar uc con convicción, pasión

GONZALO
Tengo un montón de tareas.

MARÍA LUISA
Las haces allá, pues, mi amor.

GONZALO, desganado, vuelve a mirar por su ventana.

CORTE A:

12. EXT – CALLE DE SANTIAGO (MURALLA) – DÍA

El Fiat pasa frente a una pandereta que tiene escrito "NO A LA GUERRA CIVIL", firma el Partido Comunista. Una mujer humilde pasa con un coche.

CORTE A:

13. EXT. – CASA GONZALO (CALLE/FRONTIS) – NOCHE

Es de noche en una calle de un barrio de clase media-alta de Santiago. El Fiat de MARÍA LUISA dobla por una esquina y se detiene frente al portón de una casa. Apaga el motor. GONZALO lleva un libro empastado sobre sus piernas y lo mira. El título del libro es "El llanero solitario". Su madre trata de convencerlo.

MARÍA LUISA
¿Lo pasamos bien, ah?

GONZALO no contesta. Sigue mirando el libro.

MARÍA LUISA
(Señala el libro de las piernas del niño)
¿Pero te gustó el regalo de Roberto?

GONZALO la mira sin contestar. Ella acaricia su pelo.

MARÍA LUISA

5 **desganado** sin ganas – 8 **una pandereta** *Chi* pared – 10 **humilde** einfach – 15 **un portón** puerta grande – 16 **empastado** encuadernado con una capa gruesa – 17 **el llanero solitario** Der einsame Ranger, famoso personaje de historieta – 17 **un llanero** persona que vive o viene de la llanura

Mi hombrecito…

LUCY sale apurada desde la puerta de la casa hacia el auto. MARÍA LUISA y GONZALO se bajan del auto.

MARÍA LUISA
LUCY, traje cositas.

LUCY
(Abriendo la puerta trasera del auto)
¡Ay, otra vez, por Dios!

MARÍA LUISA
¡Ando con suerte!

LUCY saca una gran caja de productos del asiento trasero. MARÍA LUISA sostiene la puerta. GONZALO pasa por el lado.

GONZALO
¡Hola Lucy!

LUCY
(Caminando con la caja en los brazos)
Hola m'ijito…

MARÍA LUISA cierra la puerta del auto.

14. INT. – CASA GONZALO (LIVING/COMEDOR) – NOCHE

Subjetiva de GONZALO. Entra al living detrás de MARÍA LUISA y LUCY.

MARÍA LUISA
(A Lucy)
Ahí arriba de la mesa.
(A todos)
¡Hola!

11 **trasero** *aquí:* asiento de atrás del coche – 12 **sostener** afirmar, mantener firme – 17 **m'ijito** *coloq* mi hijito – 21 **una subjetiva** *cin* técnica para mostar lo que ve un personaje – 21 **un living** sala, salón en una casa

TODOS
¡Hola!

LUCY deja la caja en la mesa del comedor.

MARÍA LUISA
Vengo de un dato de mercado negro que resultó muy bueno.

PATRICIO
¡Hola, Gonza!

La subjetiva de GONZALO deja ver a PATRICIO sentado en un sillón con unos apuntes en sus muslos. Fuma un cigarrillo.

GONZALO
Hola Papá.

La cámara subjetiva panea a la derecha del living y vemos sobre un mueble, la TV donde se muestran las noticias del día. Al final del paneo está ISABEL sobre un sofá, vestida provocativamente con un corto vestido colegial. En una de sus manos tiene jalea en polvo que come cuidadosamente. Con la otra mano peina la larga melena de su novio. Este es PABLO, un joven de diez y siete años recostado sobre la alfombra. ISABEL saluda con un gesto de cabeza a GONZALO, PABLO levanta la mano.

PABLO
¡Hola pendejo!

GONZALO
Hola.

MARÍA LUISA está detenida al lado de la mesa del comedor.

PATRICIO
¿Trajiste algo rico?

MARÍA LUISA
De todo.

9 **un muslo** parte superior de la pierna, entre el cuerpo y la rodilla – 16 **una jalea** *Gelee* – 22 **un pendejo** *vulg AmS* chico, joven

LUCY
¡Sí!
(fascinada sacando las cosas de la caja)
Lentejas, leche, su espuma de afeitar, aceite, sardinas…

PATRICIO
(interrumpe a Lucy)
¡Qué manera de acaparar!

LUCY se detiene y cierra la caja.

PATRICIO
(continúa)
¡Hay un montón de aceite, está llena la despensa!

MARÍA LUISA
Mira, así como están las cosas, nadie tiene asegurado su futuro.

Cruza a la mesita que está al costado de PATRICIO y le saca un cigarro de la cajetilla. A lo largo de esta conversación, GONZALO, con el libro del "Llanero Solitario" en una de sus manos.

PATRICIO
(irónico, mirándola)
Sí, así no podemos seguir, ¿cierto?

ISABEL
(seria)
No, no pueden seguir así.

PABLO pegado en la TV, mira a ISABEL y ríe. MARÍA LUISA vuelve al lado de la mesa del comedor.

MARÍA LUISA
¿Y tú qué estás comiendo, chancha?

ISABEL
(off, interrumpe)
¡Jalea!

7 **acaparar** juntar productos cuando éstos faltan y no están a la venta; acumular – 11 **una despensa** pequeña habitación para guardar alimentos – 27 **una chancha** (Sau) *fam, coloq Chi aquí:* una persona que come demasiado

MARÍA LUISA
(continúa)
¡Te vas a poner así de guatona *(señala con sus manos)!*
¡Una niñita tan linda como tú!

PABLO se acerca a GONZALO, sin levantarse del suelo.

PATRICIO
¡Déjela tranquila!

PABLO
(Quitándole el libro a Gonzalo)
A ver…¡qué buena!

GONZALO
(Avalanzándose sobre Pablo)
¡No, pásamelo! ¡No, pásamelo!

PABLO
(Quitándole el libro a Gonzalo)
Déjame mirar,
(se mofa)
ya, ya…

PABLO irónico, se burla como si GONZALO fuera un bebé, ISABEL trata de separarlos siguiéndole el juego a PABLO.

GONZALO
(A Isabel)
¡Dile que me lo pase! ¡Ya pásalo!

MARÍA LUISA
(Off)
¡Devuélveselo PABLO!

Los tres forcejean hasta que PATRICIO detiene la pelea extendiendo su mano. PABLO ríe.

PATRICIO
A ver… ¡Pasa eso!

3 **guatona** *Chi, Cuy* gorda (→ guata) *Chi, Cuy* panza, barriga – 17 **mofarse** reírse de uc o up – 27 **forcejar** tratar de retirar uc usando fuerza

PABLO riendo le pasa el libro a PATRICIO, quien comienza a ojearlo.

GONZALO
(un tanto nervioso, se pone de pie)
Papá, es la colección de oro, el tomo 1. Cuando el Llanero conoce a Toro.

PATRICIO
(mientras ojea el libro, con el cigarro en la boca)
Mmmhh, este capítulo es muy bueno.

GONZALO mira cómplice a MARÍA LUISA. Ésta le retribuye la mirada.

PATRICIO
(Se saca el cigarro de la boca)
Aquí Toro le cura una herida de flecha con medicina india.
(A María Luisa)
¿También lo compraron en el mercado negro?

MARÍA LUISA
(encendiendo un cigarro)
Mira las tonteras que pregunta…

PATRICIO la mira triunfante ante su ironía. Bota el humo del cigarro por la boca. Le devuelve el libro a GONZALO.

MARÍA LUISA
Ya, es muy tarde, a acostarse.

GONZALO recibe desilusionado y triste. PATRICIO lo nota.

ISABEL
¿Por qué?

MARÍA LUISA
Mi amor, tienes colegio mañana. No me discuta, ¿ya?

2 **ojear** mirar superficialmente sin leer en detalle – 8 **ojear** →ojo; acción de observar uc o up – 10 **un cómplice** Komplize – 10 **retribuir** pagar o recompensar un servicio, un favor – 14 **curar** cuidar una herida – 14 **una herida** un corte, un golpe – 20 **botar** sacar – 24 **desilusionado** enttäuscht

ISABEL desganada se levanta del sofá. GONZALO se retira del living.

GONZALO
(A todos)
Buenas noches.
(A PATRICIO)
Buenas noches, papi.

PATRICIO
(continúa fumando)
Buenas noches.

PABLO se levanta y besa a ISABEL en la boca. PATRICIO los mira entre sorprendido y celoso.

ISABEL
(Besando a PABLO)
Chao.

PATRICIO
(Besando a ISABEL)
Chao.

LOCUTOR OFF TV
"… Por primera vez un presidente chileno llegó a la Unión Soviética…"

MARÍA LUISA se sienta e ISABEL sale del living.

ISABEL
(A sus padres)
Chao.

PATRICIO
Buenas noches, amor.

El televisor muestra imágenes de archivo de Allende.

12 **celoso** eifersüchtig

LOCUTOR OFF TV
"... En el palacio del Kremlin se firmó el comunicado conjunto. La Unión Soviética respalda a Chile..."

PABLO
(Parado frente al televisor, con una sonrisa irónica)
¡El hueón éste!
(Se va) Buenas noches.

PATRICIO y MARÍA LUISA
Buenas noches.

PATRICIO mira a PABLO hasta que se va.

PATRICIO
¿Esta niñita no podrá conseguirse algo mejor?

MARÍA LUISA
(sentada fumando)
¿Por qué? Yo lo encuentro tan buen mozo.

PATRICIO
Buen mozo...

La televisión muestra imágenes de archivo.

15. INT – PISCINA PÚBLICA (PISCINA) – DÍA

Un letrero tiene escrito: "NO CORRER, NO SALPICAR, SIN JUEGOS BRUSCOS".

El curso de GONZALO corre alrededor de la piscina gritando y vitoreando. El PADRE MC ENROE y MISS GILDA intentan poner cierto orden.

PADRE MC ENROE
¡Paren de correr!... ¡Obedezcan!

6 **un hueón** *vulg Chi* huevón – 20 **salpicar** *hier:* vom Beckenrand springen – 23 **vitorear** aplaudir – 26 **obedecer** gehorchen

Se para frente a ROBLES, quien sigue corriendo, pero este lo esquiva y se tira en posición de bomba a la piscina. Todos los demás niños se lanzan a la piscina.

MISS GILDA es salpicada. Resignada mira su ropa semi mojada.

GILDA
(A todos)
¡Niños!
(Golpea sus manos)
¡Niños! Recuerden que la piscina tiene un químico que en contacto con la orina se transforma en un líquido rosado. ¡Así que sean prudentes, por favor!

El griterío empieza a disminuir, pareciera que la advertencia de MISS GILDA tuvo resultado. Pero nos damos cuenta que los niños tienen su atención puesta en otro lado. Los niños integrados que recién han salido del camarín, están vestidos con calzoncillos. Miran tímidos a los niños en la piscina.
MISS GILDA también los mira de reojo.

HAMILTON, que está junto a ROBLES, no aguanta quedarse callado.

HAMILTON
¡Que se tiren los de polera negra!

Todos se ríen. El PADRE MC ENROE se enfurece.

PADRE MC ENROE
¡Usted! ¡Fuera de la piscina! ¡Now!

Vuelve el silencio. HAMILTON se acerca al borde, El PADRE MC ENROE lo saca del agua de un tirón de brazos.

2 **esquivar** ausweichen – 10 **un químico** *aquí:* producto químico, normalmente cloro – 12 **prudente** moderado, controlado – 13 **un griterío** → gritar – 13 **parecer** creer que es así pero no se está seguro – 13 **una advertencia** llamada de atención sobre uc – 16 **un camarín** *aquí:* lugar en la piscina donde las personas se cambian de ropa – 17 **un calzoncillo** prenda de ropa interior masculina que cubre la parte del cuerpo entre las piernas y el cuerpo – 18 **mirar de reojo** no mirar uc o up de frente, sino de forma oblicua (seitwärts) – 19 **aguantar** soportar (ertragen) – 22 **polera** Rollkragenpulli – 22 **los de polera negra** comentario racista, se refiere a la clara diferencia del color de piel entre los alumnos nuevos y los "antiguos" – 27 **de un tirón** tirando

PADRE MC ENROE
(A Hamilton)
¡Van a aprender a respetarse, aunque sea lo único que aprendan en este colegio!
(Ahora les habla a todos)
No me importa quiénes son ni dónde nacieron. Acá se van a respetar unos a otros. ¿Está claro?

NIÑOS
Sí, Father Mc Enroe.

PADRE MC ENROE
(Calmándose)
Bien, disfruten ahora.

El cura respira hondo y se va a sentar a un costado. Los niños integrados se acercan tímidos al borde de la piscina.
ROBLES nada con destreza pero exageradamente estilo espalda frente a los integrados, se ve contento.

ROBLES
¡Tírense, poh!

PEDRO, sin pensarlo mucho, se lanza. Sale a la superficie nadando estilo "perrito". Se sonríe y con esfuerzo les habla a sus amigos.

PEDRO
Está súperrica.

Al hablar traga un poco de agua y se desespera, ROBLES, *que está al lado de él, se ríe. PEDRO en su desesperación se agarra de ROBLES, lo tira para abajo y empiezan a hundirse mutuamente.*

GONZALO, el niño dentro de la piscina que esta más cerca de la situación, temerosamente intenta ayudar, pero sólo observa. Los compañeros que no están en el agua observan intrigados, mientras el resto de los integrados que tampoco se han lanzado a la piscina ríen al borde de ella.

12 **disfrutar** aprovechar, sentir placer – 13 **hondo** profundo, oculto, escondido – 13 **costado** al lado de – 15 **con destreza** con habilidad, con facilidad – 20 **el esfuerzo** ánimo, entusiasmo – 24 **tragar** schlucken – 26 **hundirse** moverse para abajo del nivel del agua – 29 **temerosamente** → temor – 30 **intrigado** con curiosidad

16. EXT – CALLE CENTRO SANTIAGO (GALERÍA COMERCIAL) – DÍA

Vemos una serie de titulares de diarios y revistas de música de la época, y otras muy violentas a favor y en contra del gobierno de ALLENDE (Revista Ritmo, La segunda, Clarín, etc.). Nos detenemos en una tira cómica en la última página de un diario. Es del Llanero Solitario. Son sólo cinco dibujos, con un "continuará" al final.

MARÍA LUISA
(Fuera de cuadro)
¡Gonzalo… Gonzalo!

GONZALO, frente a un quiosco de revistas, mira hacia dentro de una galería comercial donde su madre lo llama desde la puerta de una tienda.

MARÍA LUISA
¡Te estoy esperando, mi amor!

MARÍA LUISA entra. GONZALO la sigue.

17. INT – GALERÍA COMERCIAL (SASTRERÍA) – DÍA

GONZALO entra a una pequeña sastrería. La tienda tiene dos pequeños espacios, el lugar donde se atiende y el taller de costura.

GONZALO
(Al sastre)
Buenas tardes.

SASTRE
¿Cómo está el joven de su mamá?

GONZALO lo desaprueba caminando hacia el taller. MARÍA LUISA no se ve por ningún lado. Una modista trabaja en una máquina de coser. El sastre se acerca al probador.

19 **una sastrería** tienda donde un sastre confecciona ropa masculina – 20 **un taller** lugar donde se realiza trabajo tanto manual como con máquinas – 27 **desaproban** decir (con palabras o con la cabeza) que algo no está bien

SASTRE
¿Cómo se siente ahora?

MARÍA LUISA
Bien.

El sastre abre la cortina del probador y aparece MARÍA LUISA terminándose de abrochar una chaqueta que cubre un vestido. Ambos parte de una nueva tenida.

MARÍA LUISA
¿Te gusta?

GONZALO
(La mira unos segundos y seguro contesta)
No.

SASTRE
¡Estupenda!

MARÍA LUISA
Gracias.

MARÍA LUISA se saca la chaqueta y queda con un coqueto vestido. Se ve muy bien.

MARÍA LUISA
¿Y ahora te gusta?
(modelándole)

GONZALO
(Poniendo cara de asco)
¡Ah, peor!

SASTRE
(Mira a Gonzalo, molesto)
Está de mal humor el joven…

5 **un probador** lugar donde se puede probar una prenda de vestir antes de comprarla – 6 **abrochar** → broche – 7 **una tenida** *Chi* vestimenta masculina y femenina compuesta de una chaqueta y pantalón y/o falda

(Se acerca a María Luisa y le toma detalles para ajustar en los hombros y la basta)
...Es feo que yo lo diga, pero si usted me lo permite, se ve bellísima.

MARÍA LUISA
(dejándose adular)
Muchas gracias.

GONZALO
(celoso)
¡Sí, poh! ¡Es bien feo que usted lo diga!

MARÍA LUISA
(Cansada de la actitud de su hijo)
¡Ay, Gonzalo! ¿Qué te pasa? Vimos juntos los dibujos de los diseños y te encantaron...
(Desvía la mirada, desafiante)
¡Ni que lo fueras a pagar tú, oye!

GONZALO
Tú tampoco.

MARÍA LUISA lo vuelve a mirar, sorprendida y seria. Mientras GONZALO no le quita la vista de encima.

18. EXT – COLEGIO ST. PETER´S (CHACRA) – DÍA

Las manos del PADRE MC ENROE dejan un conejo en su jaula. A su lado, los niños los alimentan. El PADRE MC ENROE agarra una carretilla con hortalizas. Es seguido por un alumno menudo que lleva otra carretilla. Alrededor suyo, ya hay vegetales crecidos en el huerto, y más allá se divisan gallineros. Los niños concentrados trabajan en silencio pero con entusiasmo.

1 **ajustar un vestido** ein Kleid enger machen – 2 **la basta** Saum – 6 **adular** jdm schmeicheln – 15 **desviar** hacer ir hacia otro lado – 15 **desafiante** herausfordernd – 23 **una jaula** espacio cerrado que se usa para evitar que los animales se escapen – 24 **una carretilla** Schubkarre – 24 **una hortaliza** verdura – 26 **un huerto** Gemüsegarten – 26 **divisar** ver a la distancia y no siempre claro

PEDRO saca de la tierra una linda papa. De pronto un terrón lanzado suavemente le llega en la nuca. Se para lentamente y mira para atrás. Ve a todos concentrados en sus labores. GONZALO repara en PEDRO y lo mira.

PEDRO
(Desafiante pero sólo gesticulando)
¡Oye!, ¡ahueona'o!

PEDRO, desconfiado, vuelve a su labor. GONZALO lo mira extrañado. Baja la cabeza y sigue trabajando.

GONZALO
(Para sí)
¿Y a éste qué bicho le picó?

ROBLES observa la escena. Luego, en una rápida sucesión, GONZALO y ROBLES son golpeados por sendos terrones. Los dos niños se paran. Miran hacia todos lados buscando al culpable. Poco a poco los demás también se levantan y se observan. Sólo un niño sigue trabajando. Es LISANDRO TORO, quien cosecha con una pequeña sonrisa en su rostro.

19. EXT – COLEGIO ST. PETER'S (LAVADERO DE LA CHACRA) – DÍA

GONZALO junto a sus compañeros se lavan las manos en un improvisado lavadero de metal. ROBLES se abre paso entre los alumnos.

ROBLES
¡Ya sale!
(corre a empujones a un alumno) ¡Permiso!… ¡Déjame pasar!

1 **un terrón** masa compacta de tierra o azúcar – 4 **reparar en** *aquí:* wahrnehmen – 9 **extrañado** sorprendido, maravillado, admirado – 12 **un bicho** animal – 12 **¿Y a éste qué bicho le picó?** Welche Laus ist ihm über die Leber gelaufen? – 13 **una sucesión** continuación – 14 **sendos** dos, uno para cada uno – 16 **culpable** persona responsable por un hecho o acción – 18 **cosechar** *aquí: fig* ernten – 18 **un rostro** parte delantera de la cabeza donde se encuentran entre otras cosas los ojos, la nariz, etc. – 22 **improvisado** → improvisación

ROBLES llega hasta GONZALO que se limpia la tierra de su cabeza.

ROBLES
¿Te duele mucho, Infante?

GONZALO
No.

ROBLES
Oye, quiero mostrarte algo.

GONZALO continúa limpiándose, sin inmutarse. ROBLES lo agarra de un brazo.

ROBLES
¡Ven, hueón… Ven!
(lo tironea de un brazo)
¡Vamos!

GONZALO cede ante la insistencia de ROBLES.

CORTE A:

20. EXT – COLEGIO ST. PETER'S (CANCHA DE ATLETISMO) – DÍA

ROBLES lleva abrazado a GONZALO.

ROBLES
No te va a pasar nada. ¡Tranquilo!

Llegan hasta la cancha de atletismo. GONZALO reconoce a PEDRO, quien está agarrado por HAMILTON y los MELLIZOS GÓMEZ.

ROBLES
¿Qué tal? ¿Por qué tan serio? Tranquilo hueón…

26 **un empujón** Stoß – 26 **permiso** autorización, consentimiento para hacer uc *(se dice cuando up quiere pasar)* – 9 **sin inmutarse** gelassen – 15 **la insistencia** Beharrlichkeit, Hartnäckigkeit – 19 **abrazar** poner los brazos alrededor de up – 22 **una cancha** superficie donde se practica un deporte – 23 **agarrar** coger con fuerza

GONZALO y ROBLES se detienen frente a PEDRO, que cada vez opone más resistencia a los niños que lo sujetan firmemente.

ROBLES (CONT'D)
¡Ya poh! Te lo tenemos listo. Oye, hueón, pégale… Este huéon nos tiró los terrones… ¡No seai cobarde! (*Insiste*) ¡Pégale!

PEDRO intenta soltarse. Escupe largo y le cae a los pies de ROBLES, quien se para frente a él desafiante.

ROBLES (CONT'D)
Mira, no sé como lo hacen en los chiqueros donde vives. ¡Pero te vamos a mostrar como lo hacemos en Vitacura!

ROBLES golpea a PEDRO en el estómago. PEDRO se aguanta. Uno de los mellizos le tapa la boca para que no grite. ROBLES se vuelve hacia GONZALO pero se gira amenazando a PEDRO.

ROBLES
¿Qué te pasa hueón?

PEDRO
(con la boca tapada)
¡Conche tu madre! ¡Te voy a sacar la chucha!

ROBLES agarra la mano de GONZALO y lo fuerza a acercarse a PEDRO. Le empuña la mano.

ROBLES
(Sonríe)
Ya poh, hueón, pégale tú ahora.

GONZALO mira fijamente a PEDRO.

2 **oponer** mostrar oposición – 2 **resistencia** Widerstand – 2 **sujetar** afirmar, impedir que se mueva – 5 **no seai** *coloq Chi* no seas – 6 **escupir** spucken – 7 **desafiante** herausfordernd – 9 **un chiquero** lugar donde viven los cerdos – 10 **Vitacura** comuna del Gran Santiago – 11 **aguantarse** sich beherrschen – 12 **mellizos** dos personas que nacen juntas – 13 **amenazar** dar a entender a través de gestos y/o palabras que se quiere hacer daño (Schaden) a up – 19 **conche tu madre** *AmS vulg despect* s. S. 19, nota 4 – 19 **sacar la chucha** *vulg Chi* golpear a up violentamente – 21 **empuñar** cerrar la mano en forma de puño

ROBLES (CONT'D)
Ya, ¡Ya poh, hueón!

PEDRO mira de vuelta a GONZALO. ROBLES se empieza a impacientar que nada suceda.

ROBLES (CONT'D)
¡Ya poh, hueón, pégale, no seai cobarde huéon, pégale!

GONZALO respira ruidosamente y se le comienzan a mojar los ojos.

ROBLES (CONT'D)
¿Tenís miedo hueón? ¡Pégale a alguien en tu vida, le tenís miedo a todo el mundo!

HAMILTON y los MELLIZOS ríen extasiados.

HAMILTON y MELLIZOS
(Al unísono)
¡Cobarde! ¡Cobarde! ¡Cobarde!

GONZALO y PEDRO continúan mirándose fijamente. Entran en un trance donde pareciera que no hay nadie alrededor de ellos. Como si la natural empatía entre dos seres trascendiera los estatus, las tribus e incluso las religiones.

ROBLES
¡Pégale hueón, por la chucha! ¡Pégale!

De repente GONZALO empuja con más vigor que destreza a HAMILTON, quien se sorprende y suelta uno de los brazos de PEDRO. PEDRO se suelta, los otros dos niños arrancan sin pudor.

PEDRO
¡Suéltame mierda!

4 **impacientarse** perder la paciencia – 10 **tenís** *coloq Chi* tienes – 12 **extasiado** maravillado – 15 **un cobarde** persona que no tiene valor – 17 **un trance** estado en el que pareciera que la realidad exterior no existiera – 18 **la empatía** afinidad afectiva hacia otra persona – 18 **trascender** extenderse, propagarse – 19 **la tribu** Stamm – 22 **vigor** fuerza – 22 **destreza** Geschicklichkeit – 23 **soltar** desatar, dejar suelto, en libertad – 24 **arrancar** quitar uc con violencia *aquí:* correr – 27 **una mierda** *vulg* excremento humano

PEDRO intenta tirarse arriba de ROBLES.

PEDRO
¡Te voy a sacar la chucha, maricón!
(Golpeándolo)
¡Ven ahora, poh, hueón de mierda!

ROBLES lo esquiva.

ROBLES
¡Qué roto culia'o!
(sale corriendo)
¡Peliento!

PEDRO se agacha a recoger una piedra que se la lanza con rabia.

PEDRO
¡Arráncate, maricón!

HAMILTON, Mellizos y el mismo ROBLES también agarran piedras y empiezan a lanzárselas.

ROBLES
¡Aprende a pelear, negro culia'o! *(lanzando más piedras)*
¡Toma hueón! ¡Váyanse de aquí!

PEDRO se da vuelta y ve a GONZALO, quien asustado mira a PEDRO.

ROBLES (V.O.)
¡Miren el par de m'ijitas ricas! ¡Dense un beso ahora los hueones!

8 **un roto** *Chi* persona maleducada, con modales groseros – 8 **culia'o** → culo *Chi vulg* palabra usada para insultar a up. Junto con "conchetumare" y "hueón" o "hueón", uno de los insultos (Beschimpfung) más usados por los chilenos, principalmente por los hombres – 10 **un peliento** *Chi coloq* persona de bajo nivel cultural y social, de malos modales y frecuentemente delincuente – 14 **un maricón** *vulg despect* homosexual – 18 **pelear** kämpfen, streiten – 23 **m'ijitas** *aquí:* niñas

GONZALO y PEDRO se miran fijamente, casi hipnotizados. Una piedra cae a los pies de GONZALO, quien la ve y arranca. En ese momento ROBLES agarra una piedra y la lanza con ira.

ROBLES
¡Maraco!

La piedra golpea la cabeza de GONZALO. Sorprende a los agresores. GONZALO hincado de dolor en el suelo. PEDRO, ROBLES, HAMILTON y los mellizos corren a auxiliarlo.

21. EXT – COLEGIO ST. PETER´S/CAMIÓN DE WILLY (FRONTIS/CABINA) – TARDE

GONZALO está sentado en la vereda jugando a las bolitas. Tiene un pequeño parche en la frente. Por el poco movimiento afuera del colegio se nota que hace rato que salieron de clases. PEDRO también espera. Se acerca a GONZALO.

PEDRO
¡Hola! ¿Te duele mucho?

GONZALO
(Jugando con las bolitas)
No.

PEDRO
¿Oye, todavía no te vai?

GONZALO
No. Ya me van a pasar a buscar.

PEDRO
¿Quieres que te llevemos?

3 **la ira** rabia – 5 **un maraco** *Chi vulg* (insulto) homosexual – 7 **un agresor** persona que comete una violencia física o verbal contra otra persona → agresión – 7 **hincarse** arrodillarse, ponerse de rodillas – 8 **auxiliar** ayudar, socorrer – 11 **una vereda** *Am* camino angosto situado a lo largo de la calle y que sirve para que las personas circulen – 11 **jugar a las bolitas** juego practicado generalmente por niños con bolas pequeñas de barro o vidrio – 12 **un parche** pedazo de tela usado para proteger una herida – 13 **un rato** momento, periodo corto de tiempo – 21 **vai** *Chi* vas *coloq*

En ese momento vemos a WILLY, quien se aproxima arriba de su camión.

GONZALO
(Dudando)
No, no te preocupes…

PEDRO
(insiste, amigable)
¡Dale, vamos! Espérate un poquitito, ¿Ya?

PEDRO va al encuentro del WILLY, un gordo de alrededor de 50 años, y SILVANA, una delgada niña de 14. WILLY se estaciona a un costado de la calle.

PEDRO
¡Hola tío! Tío, ¿podemos llevar a mi amigo?

WILLY
¡Ya, ya… pero que venga rapidito!

SILVANA
¡Oye Peter, no, no poh! ¡Papá, pero si no cabe, no!

WILLY
¡Ya, si cabe!

PEDRO le hace señas a GONZALO para que vaya.

PEDRO
¡Apúrate!

WILLY
¡Rápido, rápido, que estamos atrasados!

GONZALO duda, mira a ver si alguien viene, se para despacio y trota al camión. PEDRO camina apurado a abrir la puerta.

2 **un camión** vehículo grande que se usa para transportar carga – 7 **amigable** → amigo – 8 **poquitito** → poco – 10 **estacionar** parar el coche en un lugar determinado y generalmente dejarlo – 17 **caber (yo quepo)** tener espacio necesario para entrar – 26 **trotar** correr a una velocidad moderada

PEDRO
¡Cállate voh, enana! ¡No nos quería llevar la patu'a!

SILVANA se hace a un lado de mala gana.

WILLY
¡Vamos arribita!

PEDRO Y GONZALO se suben. GONZALO cierra la puerta del camión.

WILLY (CONT'D)
(Sonriente mira a GONZALO)
¿Y voh de dónde saliste, cara de frutilla?

WILLY suelta una carcajada. PEDRO mira a GONZALO y también se ríe. El niño se sonríe, intimidado.

PEDRO
¡Cara de frutilla!

El camión parte. Se da la vuelta en la calle para volver hacia la misma dirección por dónde llegó.

WILLY
Bien bonita la escuela ésta.

PEDRO
No es una escuela, es un colegio.

WILLY
Ah perdón, no quise ofender.
(A Gonzalo)
¿Y a dónde va el señor?

GONZALO
En Bentjerodt con Ramiro Hernández quedo bien.

2 **voh** *coloq Chile* vos – 2 **enana** Zwergin – 2 **patu'a** *coloq Chi* arriesgado, que se permite hacer determinadas cosas sin la debida autorización – 3 **hacerse a un lado** *loc* ponerse a un lado – 3 **de mala gana** sin ganas, contra su voluntad – 5 **arribita** → arriba – 10 **cara de frutilla** (Erdbeergesicht) una persona que tiene la cara con acné *o pecas* (Sommersprossen) – 11 **una carcajada** Gelächter – 12 **intimidado** inhibido, reprimido, que no se siente libre – 20 **un colegio** *Chi* establecimiento escolar privado y remunerado – 26 **Bentjerodt** *aquí:* el nombre de una calle en Santiago de Chile – 26 **Ramiro Hernández** nombre de una calle

WILLY
(Silva, impresionado)
¡Buen barrio ése!

El camión se va por la calle.

22. EXT/INT – CALLE DE SANTIAGO (CABINA CAMIÓN WILLY) – TARDE

SILVANA va muy seria. Mira de reojo a GONZALO. Éste también la está mirando.

Pasan cerca de un gordo que va en bicicleta.

WILLY
¡Miren! Dónde lleva metido el asiento el guatón ese…

Los niños se desternillan de la risa. SILVANA lo recrimina.

SILVANA
Ya, papá, córtala.

El camión adelanta al gordo de la bicicleta. PEDRO grita por la ventana.

PEDRO
¡Buena guatón!

WILLY
Puta, que la gozai, cara de frutilla.

Risas de los niños.

GONZALO
(A Pedro, refiriéndose a Willy)
¿Es tu papá?

7 **mirar de reojo** jmd verstohlen ansehen – 11 **un guatón** *Chi, Cuy* que tiene una barriga grande – 12 **desternillarse de la risa** reírse largo rato y con intensidad – 20 **gozarla** *coloq Chi* disfrutar, divertirse

PEDRO
No, un vecino.

WILLY
Ya Peter, tienes que hacerle caso en todo a la Silvana.
(La niña mira a Pedro con autosuficiencia)
Mucho cuidado con andar con un cartón en la mano. Máximo dos cajetillas, sobre todo si son importadas.

GONZALO mira sin entender mucho y pregunta.

GONZALO
¿A dónde van?

PEDRO
A trabajar.

SILVANA
Lo que un cabro pituco como tú nunca ha hecho.

GONZALO se cohíbe.

WILLY
Ya pongámonos serios, menos tonteo. Que vamos a trabajar.

Mientras WILLY y SILVANA hablan, GONZALO se da cuenta que OCHAGAVÍA y su mamá van en un gran Mercedes plateado del año que avanza a un costado del camión. GONZALO se pone de espalda a la ventana y se hace el interesado en lo que habla WILLY.

WILLY (CONT'D)
¡Oye, ojo con mezclar las banderitas! La otra vez nos pasó con la Silvana y medio susto que nos mandamos con la negra.

SILVANA
A mí no me dio susto.

4 **hacer caso** prestar atención – 5 **autosuficiencia** bastarse a sí mismo – 7 **una cajetilla** paquete de cigarrillos – 14 **un cabro** *Chi* niño, joven – 14 **un pituco** *coloq Chi* denominación despectiva de una persona de clase alta – 15 **cohibirse** sentir vergüenza – 17 **tontear** (→ tonto) hacer o decir tonterías – 21 **hacerse el + ADJ** sich + ADJ + stellen (tonto, interesado etc.) – 24 **una bandera** Fahne, Flagge – 25 **medio susto** *coloq* un susto – 25 **mandarse un susto** *loc* asustarse

MARÍA LUISA habla muy entusiasmada con OCHAGAVÍA. El camión se va a detener en un semáforo.

WILLY
Ya, bájate, cara de frutilla.

GONZALO
(Asustado)
¿Hasta dónde van ustedes?

WILLY
Vamos hasta el Parque Forestal.

El camión se detiene. El Mercedes un poco más atrás.

GONZALO
Mucho mejor, me bajo allí no más.

PEDRO
¿Estás seguro?

GONZALO
Sí, aprovecho de comprar unas cosas por ahí.

PEDRO
¡Ya poh, qué buena!

SILVANA
¿Andas con plata?

WILLY
Ya, menos bla, bla y nos vamos ya, que estamos atrasados.

GONZALO preocupado de no voltearse en la ventana para que su madre no lo vea arriba del camión. Luz verde. El Mercedes dobla a la derecha. El camión parte.

1 **entusiasmado** con muchas ganas e interés – 16 **aprovechar** (aus)nutzen (la oportunidad) – 22 **atrasado** sin tiempo, demasiado tarde – 23 **voltearse** *Am* sich umdrehen

23. EXT – CALLE PROTESTA DERECHA (TELÉFONO PÚBLICO/CALLE) – DÍA

GONZALO, bolsón escolar al hombro, habla por un teléfono público.

GONZALO
Alo, Lucy, ¿llegó mi mamá?
(Pausa)

GONZALO (CONT´D)
Si llega o llama, dile que fui a la casa de un amigo.
(Pausa)
A hacer una tarea.
(Pausa)
Da lo mismo, ya, chao.

GONZALO cuelga y se pone a caminar observando. Un gentío avanza entre gritos contra Allende y el gobierno de la UP. Pancartas piden la renuncia de Allende, otros lienzos tienen las caras del líder conservador Jorge Alessandri. La gente es casi en totalidad de clase media alta. Entre la gente vemos a WILLY con banderitas de partidos de derecha y chilenas. En una de sus manos tiene un montón de billetes. Llama a GONZALO, quien se acerca a él entre la marcha.

WILLY
Cara de frutilla, hazme una paleteada…
(le pasa las llaves del camión)
…Anda al camión y me traís tres cajetillas de cigarros, una de Hilton, dos de Monarca, están en un baúl adelante.
(le hace un gesto de que le pueden robar)
¡Ojo, ojo!

GONZALO
(sonríe, entendiendo)
Ya.

14 **un gentío** mucha gente – 15 **UP** Unidad Popular – 16 **una pancarta** mensaje escrito, cartón que se usa en manifestaciones – 16 **un lienzo** pedazo de tela (Stoff) amarrado en las extremidades a dos palos, usado en las manifestaciones y que lleva escrito un mensaje – 23 **hacer una paleteada** *Chi coloq* hacer un favor – 25 **traís** *coloq Chi* traes (traer) – 26 **Hilton, Monarca** marca de cigarillos – 26 **un baúl** *Am* Kofferraum

WILLY
¡Ya, partiste!

GONZALO camina hacia el camión. WILLY ofrece su mercadería.

WILLY
¡Banderitas! ¡Banderitas! ¿Quién va a llevar? ¡Banderitas chilenas!

CORTE A:

24. EXT – CALLE PROTESTA DERECHA (CABINA CAMIÓN WILLY) – DÍA

GONZALO abre el baúl. Saca las cajetillas entre medio de más banderitas y cigarrillos. Cierra el camión.

CORTE A:

25. EXT – CALLE PROTESTA DERECHA (CALLE) – DÍA

GONZALO le pasa las cajetillas y llaves del camión a WILLY.

WILLY
¿Cerraste bien?

GONZALO
Sí.

WILLY
(Ejecutivo, rápido)
Ya, llévale los Hilton a la Silvana, rápido.

GONZALO
Ya.

GONZALO camina con dificultad en contra del sentido del gentío que grita entusiasmado.

2 **partiste** *coloq* ¡vete! – 4 **la mercadería** Ware – 21 **ejecutivo** *aquí:* decidido

GENTÍO
(Repitiendo)
¡Allende, Allende! ¡La Patria no se vende!

Distinguimos entre medio de la gente a SILVANA, ofreciendo banderitas. GONZALO llega hasta ella y le pasa las cajetillas de cigarro.

GONZALO
¡Toma!

SILVANA
Oye, ¿Y tú no te habías ido?

GONZALO
Me mandaron a dejarte esto.

SILVANA recibe las cajetillas. PEDRO se acerca.

PEDRO
(Sorprendido, contento)
Gonzalo, ¡Qué bueno, nos estás ayudando!

SILVANA
(A Pedro)
¿Cómo te está yendo?

PEDRO
Bien, vendí todo.

SILVANA
Ya, la plata.

SILVANA le hace un gesto para que le entregue el dinero. PEDRO saca unos billetes y monedas del bolsillo y se los entrega. Sin contarlos SILVANA le sigue pidiendo más.

PEDRO
Ahí está todo… Es que tuve que hacer una rebaja.

4 **distinguir** ver – 23 **la plata** *Am* dinero – 28 **una rebaja** reducción del precio de un producto

SILVANA
(incrédula)
Ya hueón.

SILVANA le mete la mano al bolsillo, le saca un billete.

SILVANA
¿Y esto?

PEDRO
Bueno, pa' mí poh.

SILVANA
Te pasai de pillo, pendejo.

GONZALO y PEDRO se miran. PEDRO busca complicidad. En eso la gente empieza a gritar y a saltar alrededor de ellos.

GENTÍO (V.O.)
(Repitiendo)
¡El que no salta es de la UP!

WILLY empieza a saltar adelante. PEDRO y GONZALO lo miran extrañados. WILLY les hace una seña para que salten.

WILLY
¡Salten, salten!

Los niños obedecen y comienzan a saltar.

GONZALO Y PEDRO
¡El que no salta es de la UP!

SILVANA seria, no salta.

PEDRO
(A Silvana)
¡Salta!

SILVANA molesta, lo esquiva. No salta.

2 **incrédulo** desconfiado, que no cree – 4 **un bolsillo** → bolso; parte de una prenda de vestir que sirve para transportar pequeñas cosas – 10 **pasarse de pillo** pasarse de listo, de astuto (ser demasiado astuto) – 11 **complicidad** *aquí:* apoyo (Unterstützung) – 17 **extrañado** verwundert – 23 **serio** ernst

CORTE A:

26. EXT – CALLE PROTESTA DERECHA (CAMIÓN WILLY/ CALLE) – DÍA

Las manos de SILVANA guardan las banderitas que quedaron sin vender.

GONZALO
¿Y ahora qué hacemos?

SILVANA saca unas banderitas del Partido Socialista.

PEDRO
¡Ahora si que nos vamos a una marcha de verdad, poh pituco!

27. EXT – EXT – CALLE PROTESTA IZQUIERDA (CALLE) – TARDE

PP niña con cintillo del partido comunista en la frente.

NIÑA
(como si llamara a alguien)
¡¡¡Jota-Jota!!!

CORO DE GENTE
(respondiendo)
¡¡¡Cé-Cé!!!

La consigna se repite una segunda y tercera vez.

TODOS
(Niña cintillo y Coro juntos)
¡¡Ju-ven-tu-des-Co-mu-nis-tas-de-Chi-le!!

Estamos en otra manifestación multitudinaria. Esta vez son partidarios al gobierno de Allende. La concurrencia en su mayoría son pobladores con inmensas pancartas de Allende,

13 **un cintillo** adorno femenino de diferentes materiales (plástico, tela, metal, etc.) que sirve para afirmar el pelo –20 **una consigna** *aquí:* mensaje – 24 **multitudinaria** → multitud; mucha gente – 25 **una concurrencia** grupo de personas que asisten a un acto o reunión

y distintas banderas de los distintos partidos de izquierda. Comienzan a gritar.

TODOS
¡¡Crear, crear, poder popular!!
(repiten varias veces)
¡Momio, escucha, el pueblo está en la lucha!

Entre medio está WILLY, ofreciendo banderitas chilenas, del partido socialista y comunista. Le pasa una chilena a un señor.

WILLY
¡Banderitas, Banderitas!

GONZALO por otro lado, vende una banderita a una niña.

GONZALO
(Le pasa la banderita)
Tome
(recibe el dinero)
Gracias.

PEDRO camina a su lado con banderitas.

GONZALO (CONT´D)
¡Banderitas! Banderitas! ¡Banderitas chilenas! ¡Banderitas del PS!

Entre la gente avanza un grupo de trabajadores obreros. Entre ellos, GONZALO reconoce a su compañero nuevo, LISANDRO TORO.

LISANDRO Y GENTE
(Repitiendo)
¡Allende, Allende, el pueblo te defiende!

GONZALO avanza entre el tumulto. Se cruza con SILVANA.

6 **un momio** *Chi aquí:* persona que políticamente es de derecha, conservador – 26 **defender** proteger, prestar ayuda – 27 **un tumulto** confusión, alboroto provocado por mucha gente

SILVANA
¿Cómo te está yendo, pituco?

GONZALO
Bien.
(Sigue ofreciendo)
¡Banderitas! ¡Banderitas!

SILVANA a su lado, también ofrece banderitas.
En ese momento, al igual que en la protesta anterior, la gente comienza a saltar.

GENTÍO
(Repitiendo)
¡El que no salta es momio!

WILLY salta y grita junto al resto.

WILLY
(Repitiendo)
¡El que no salta es momio!

SILVANA mira a su alrededor, y comienza a saltar entusiasmada.

SILVANA
(Repitiendo)
¡El que no salta es momio!

Descubrimos a su lado a PEDRO, saltando entusiasta. GONZALO también se une.

GONZALO, SILVANA, PEDRO Y GENTE
(Repitiendo)
¡El que no salta es momio!

GONZALO
(A Silvana, saltando)
¿Qué es ser momio?

22 **entusiasta** begeistert – 23 **unirse** sich anschließen

SILVANA
(Saltando)
Un rico e ignorante como tú.

GONZALO
(Saltando)
¿Qué?

SILVANA
(Saltando, le habla más fuerte)
¡Un rico e ignorante como tú! ¡El que no salta es momio!

GONZALO se detiene cabizbajo. La niña le sonríe y lo invita a continuar saltando. PEDRO lo llama a saltar.

PEDRO
¡Salta poh, hueón, salta!

GONZALO salta de nuevo. SILVANA lo empuja. GONZALO le devuelve el empujón sonriendo. PEDRO se les une. Se ríen. Siguen saltando. Se abrazan.

SILVANA
¡Dale, pituco!

Saltan los tres abrazados. Caen al piso entre ataques de risa.

Saltan de nuevo, con el mismo entusiasmo que lo hacían en la manifestación de derecha.

GONZALO, SILVANA, PEDRO Y GENTE
(Repitiendo)
¡El que no salta es momio!

Gran masa de gente saltando.

10 **cabizbajo** persona que, por tristeza, tiene la cabeza inclinada hacia abajo – 15 **un empujón** Schubs – 18 **¡dale!** ¡vamos! – 19 **un ataque de risa** Lachanfall

CORTE A:

28. EXT – CALLE DE SANTIAGO (CAMIÓN WILLY) – TARDE

El camión de WILLY viene lleno de gente que participaba en la manifestación. Portan banderas chilenas y de partidos de izquierda. Están todos contentos. Dentro de la cabina, PEDRO grita feliz. GONZALO saca la cabeza por la ventana, deleitándose con el viento en la cara.

29. INT – EDIFICIO OCHAGAVÍA (ESTACIONAMIENTO) – DÍA

El Fiat de MARÍA LUISA entra a un estacionamiento subterráneo. Se estaciona al lado del Mercedes de OCHAGAVÍA. MARÍA LUISA se baja, está con el vestido que se probó en la sastrería. GONZALO se mantiene sentado.

MARÍA LUISA
(A Gonzalo)
Baje, gordito.

CORTE A:

30. INT – EDIFICIO OCHAGAVÍA (ASCENSOR) – DÍA

MARÍA LUISA y GONZALO van dentro de un elegante ascensor. El niño va muy serio mirando a su madre. Rompe el silencio haciendo un ruido con su boca. MARÍA LUISA lo mira, le sonríe y acaricia su mejilla. GONZALO permanece serio.

5 **portar** llevar, transportar – 8 **deleitar** → deleite; que produce placer – 17 **un gordito** (Dickerchen) *coloq fam* apodo cariñoso (Kosename) – 23 **acariciar** streicheln – 23 **una mejilla** parte de la cara, a los dos lados de la nariz

31. INT – DEPTO. OCHAGAVÍA (CORREDOR/PUERTA PRINCIPAL) – DÍA

Madre e hijo esperan en un corredor con suave luz. MARÍA LUISA está al lado de la puerta principal del departamento. Un MOZO les abre la puerta.

MARÍA LUISA
(Entrando)
Amador. ¡Buenas tardes!

MOZO
Sra. María Luisa, adelante por favor.

MARÍA LUISA
Muchas gracias.

GONZALO le hace un gesto al MOZO a modo de saludo.

32. INT – DEPARTAMENTO OCHAGAVÍA (LIVING/ COMEDOR) – DÍA

MARÍA LUISA entra con mucha confianza como si fuera su casa.

El niño sigue a su madre por el fino departamento, alhajado con muebles clásicos de cuero. MARÍA LUISA saluda a ROBERTO OCHAGAVÍA, hombre atractivo y elegante en la medianía de los cincuenta.

MARÍA LUISA
(Sentándose)
Perdón, perdón, perdón, llegué tarde, pero no pude llegar antes.

GONZALO ingresa al comedor mientras MARÍA LUISA Y OCHAGAVÍA se abrazan y se dan un beso apenas más cariñoso que lo que sería una simple bienvenida.

5 **un mozo** camarero – 13 **a modo de** como – 16 **con confianza** con familiaridad – 18 **alhajado** decorado, adornado – 21 **medianía** cerca de – 26 **ingresar** entrar – 27 **cariñoso** liebevoll, zärtlich

OCHAGAVÍA
(Besándola)
Dichosos los ojos.

MARÍA LUISA
(Tocando su pecho)
¿Cómo estás?

OCHAGAVÍA
Bien, pero tú te ves muy bien.

Al ver al niño se separa de ella, GONZALO se queda de pie, mientras la madre le indica el asiento al lado del de OCHAGAVÍA.

MARÍA LUISA
Gordito, siéntese.

OCHAGAVÍA se sienta. GONZALO no le hace caso y se sienta lejos de ambos. MARÍA LUISA se saca su coqueta chaquetita.

MARÍA LUISA
¿No tiene hambre?

GONZALO
No.

OCHAGAVÍA imita el saludo de los militares en las películas.

OCHAGAVÍA
(Recién repara en el parche del niño)
¿Pero qué le pasó capitán?

MARÍA LUISA
En el colegio, están locos.
(Sentándose)
Si lo único que falta es que se agarren a balazos estos niños.

OCHAGAVÍA
¿A qué colegio vas, Gonzalo? ¿O ya me lo dijiste?

3 **dichosos los ojos** *loc* ¡qué alegría verte! – 14 **hacer caso** obedecer – 15 **coqueto** gracioso, bonito – 22 **un parche** *aquí:* Pflaster – 27 **agarrarse a balazos** *coloq* erschießen

GONZALO
Al Saint Patrick.

OCHAGAVÍA
(Sorprendido)
¿Saint Patrick?
(Gritando como si fuera una barra)
Saint, Saint, Saint!
Patrick, Patrick, Patrick!
¡Saint Patrick School!
(Se ríe)
Al mismo que fui yo.

GONZALO lo mira desconcertado. MARÍA LUISA con vergüenza ajena. El MOZO empieza a servir el té.

MARÍA LUISA
(Amorosa)
Ay, qué tonto eres.

OCHAGAVÍA
La mejor educación de Chile, aunque un amigo me comentó que ya no es el de siempre. Me decía que los curas están un poco rojos. ¿Es verdad eso?

MARÍA LUISA
Bueno, como todo en el país no más. Pero los niños están un poco inquietos, eso sí lo he notado. *(A Gonzalo)*
¿O no?

GONZALO
(Quejándose)
Ay, mamá.

MARÍA LUISA lo mira orgullosa.

MARÍA LUISA
(A Ochagavía)
¿Y tú? ¿Por qué no te fuiste a Buenos Aires?

6 **una barra** un grupo de personas que apoyan a los equipos deportivos y los animan – 12 **desconcertado** verblüfft, durcheinander – 13 **sentir vergüenza ajena** sich fremdschämen – 13 **ajeno** que no es propio – 20 **rojo** *aquí:* de izquierda – 23 **inquieto** ≠ tranquilo – 23 **notar** darse cuenta

OCHAGAVÍA
No valía la pena. Mi mujer y mis hijos vienen este fin de semana, quiere celebrar su cumpleaños aquí en Santiago.

La sonrisa de MARÍA LUISA desaparece.

MARÍA LUISA
¿Vienen?
(molesta)
Yo tenía entendido que no pensaban poner un pie en este país mientras estuviera Allende en el poder.

OCHAGAVÍA
Vienen por un par de días, no más...

OCHAGAVÍA trata de quitarle importancia a la noticia. MARÍA LUISA hace cómplice a GONZALO de su opinión.

MARÍA LUISA
¡Qué absurdo! Absurdo porque como puedes comparar Santiago con Buenos Aires. Es decir, lo va a pasar pésimo en su cumpleaños, la pobrecita. No entiendo qué viene hacer aquí, la verdad.

OCHAGAVÍA
Los voy a llevar a Viña, al casino.

MARÍA LUISA
(Se para)
Lo que faltaba.

La mujer se pierde hacia dentro del departamento. OCHAGAVÍA la sigue con la mirada. GONZALO no sabe muy bien qué hacer. OCHAGAVÍA se impacienta, aunque disimula frente al niño.

OCHAGAVÍA
(Con una sonrisa forzada)
¿Leíste ya el libro que te regalé?

2 **valer la pena** sich lohnen – 18 **la verdad** *coloq* also, echt! wirklich! – 20 **Viña** Viña del Mar, ciudad balnearia de Chile – 23 **lo que faltaba** das hat uns gerade noch gefehlt – 26 **impacientarse** perder la paciencia – 26 **disimular** ocultar – 28 **forzada** obligada; tener que hacer uc contra la propia voluntad

GONZALO
A mí no me gusta el Llanero Solitario.

OCHAGAVÍA
¿Verdad? ¿No te gustaría tener otro?
(se pone de pie)

GONZALO
(Traga saliva)
No.

OCHAGAVÍA
(caminando hacia GONZALO)
El próximo viaje que haga a Buenos Aires te traigo uno, por si cambias de opinión, ¿Ya?

GONZALO lo mira sin gesto en la cara.

OCHAGAVÍA
Quedas en tu casa.

El hombre sigue a MARÍA LUISA. GONZALO queda sólo en este amplio comedor. La mesa está servida. Entra el mozo con una caja de cartón de productos, similar a la que llevaron a la casa. La apoya en la mesa. GONZALO y el mozo se miran. GONZALO se pone de pie. Camina hasta la caja. Saca un paquete de sustancias con forma de guaguas.

GONZALO
(Saliendo del comedor)
Gracias.

5 **ponerse de pie** *loc* levantarse – 7 **tragar saliva** *loc* seinen Ärger hinunterschlucken – 15 **Quedas en tu casa** en esta casa siempre serás bienvenido – 19 **apoyar** lehnen, stützen – 21 **una sustancia** *aquí:* objeto, cosa – 21 **una guagua** *Chi* bebé

CORTE A:

33. INT – DEPARTAMENTO OCHAGAVÍA (PASILLO) – DÍA

GONZALO sentado, come una a una las guaguas. Está como hipnotizado. Camina por un pasillo donde hay una serie de fotos de OCHAGAVÍA con su familia. Se ve contento en situaciones que se notan antiguas.

GONZALO avanza por el pasillo y llega al frente de una puerta cerrada. Se la queda mirando. Se acerca y pone la oreja para escuchar. Silencio.

CORTE A:

34. INT – DÍA. COLEGIO ST. PETER´S (SALA DE CLASES).

GILDA reparte unas hojas impresas con tinta morada. La mayoría de los niños las huelen, parecen enviciados con el olor a anilina. Le llega la prueba a PEDRO. La mira y le cambia el semblante.

GILDA
Good luck, boys.

Los niños comienzan a contestar. PEDRO mira de refilón a GONZALO, a quien le llega un papel en la cabeza. Es ROBLES que le hace señas desesperado para que lo ayude en la prueba. GONZALO se desentiende. ROBLES lo amenaza.

GILDA
Concentrate in your own work.

PEDRO se concentra en su prueba. Finge que está escribiendo en ella. Mira a sus amigos de la población, RIQUELME le hace un

5 **una serie de** un grupo de – 7 **antiguo** que existe hace mucho tiempo – 8 **avanzar** – 8 **un pasillo** Flur – 14 **morado** lila – 15 **oler** riechen – 15 **enviciado** como drogado, bajo el efecto de una droga – 16 **la anilina** producto químico que sirve como colorante – 17 **el semblante** cara, rostro – 20 **mirar de refilón** mirar de paso, rápidamente, de forma oblicua – 23 **desentenderse** hacer como si no entendiera – 26 **fingir** hacer creer a up que se está haciendo uc

gesto de que algo entiende. LISANDRO TORO mira displicente hacia el frente sin contestar nada. Mira a la profesora, quien está recibiendo pruebas ya contestadas y los alumnos salen de la sala. PEDRO baja la mirada hacia su prueba y no está. La busca debajo del pupitre. Mira al suelo. ROBLES intenta copiar a un compañero. PEDRO sigue buscando. Otro niño entrega su prueba. PEDRO definitivamente se urge. Finge que escribe sobre la prueba, a pesar de no tenerla. GONZALO se para y al levantarse, disimuladamente le devuelve la prueba. Está completamente contestada. A PEDRO le cuesta entender. GONZALO entrega a GILDA su examen y sale de la sala. PEDRO mira a la profesora, sonríe con satisfacción y escribe su nombre en la prueba.

35. EXT – CALLES (AFUERAS COLEGIO) – DÍA

Es una hermosa tarde de otoño y las veredas están tapizadas de hojas. GONZALO conduce su bicicleta. Atrás lleva a PEDRO, de pie y afirmado de los hombros de GONZALO. Van por las afueras del colegio.

CORTE A:

36. EXT – CALLES (BLOCKS) – DÍA

Los niños pasan frente a unos blocks. GONZALO pedalea con mucho esfuerzo. Los muros están pintados de consignas políticas de izquierda: "Momios, junten miedo".

CORTE A:

37. EXT – CALLES (CERCANÍAS POBLACIÓN EL ESFUERZO) – DÍA

Se adentran en los sitios eriazos que colindan con la toma de terrenos donde vive PEDRO.

2 **displicente** que desagrada, disgusta – 7 **urgirse** *Chi* preocuparse – 9 **disimular** ocular lo que se siente, lo que se hace, lo que se piensa – 15 **tapizado** *aquí:* cubierto – 17 **afirmado** apoyado – 21 **un block** *aquí:* conjunto de edificios – 21 **pedalear** acción de mover los pedales, especialmente en una bicicleta – 23 **juntar miedo** *loc Chi* tener miedo – 27 **adentrarse** → adentro, entrar más – 27 **colindar** → lindar; dos sitios que están uno al lado del otro – 27 **la toma de terrenos** Landeinnahme

CORTE A:

38. EXT – POBLACIÓN EL ESFUERZO (CANCHA) – DÍA

Suben a un pequeño monte y se detienen. Los niños caminan junto a la bicicleta. Ven la población El Esfuerzo.

PEDRO
(Serio)
Gracias Infante, nos vemos.

PEDRO camina hacia la población. Vemos a lo lejos, un improvisado partido de fútbol de niños.

GONZALO
Oye, si quieres te llevo hasta tu casa.

PEDRO se voltea hacia GONZALO, un poco avergonzado.

PEDRO
No gracias, acá está bien.

PEDRO se da media vuelta y baja lento, rumbo a su casa. GONZALO como lo ve irse, se gira y hace lo mismo.

A mitad de la bajada, PEDRO se da vuelta, le chifla y le hace una seña simpática para que lo siga. GONZALO lo mira, se sonríe y baja con la bicicleta a un costado, llegan a la planicie y se vuelven a subir en la bicicleta.

PEDRO
¿Puedo manejar?

GONZALO
¡Dale!

Ahora PEDRO maneja, en un principio con desconfianza, pero poco a poco más diestramente. GONZALO va de pie sobre la rueda trasera, como lo hizo PEDRO hace instantes. Los niños

4 **una población** *Chi* conjunto de viviendas donde viven generalmente personas de pocos recursos – 12 **avergonzado** que siente vergüenza – 15 **rumbo a** en dirección a – 17 **darse vuelta** *loc* sich umdrehen – 17 **chiflar** silbar – 18 **una seña** nota, indicio o gesto para dar a entender uc – 19 **una planicie** Ebene – 24 **¡dale!** *Am aquí:* los! – 26 **diestramente** → con destreza; prácticamente

que juegan a la pelota saludan a PEDRO, quien les corresponde el saludo.

39. EXT – POBLACIÓN EL ESFUERZO (CALLES) – DÍA

La bicicleta avanza a tumbos sobre las calles de tierra y llenas de hoyos. PEDRO va dichoso. Aparecen pasajes estrechos y casas bajas de aspecto precario. Hay movimiento en la calle. Niños juegan, gente refacciona casas. GONZALO observa todo con gran novedad.

Mujeres trabajan haciendo una zanja. Una de ellas es JUANA, la madre de PEDRO. En unos canastos al lado de ellas, hay un par de bebés.

PEDRO
(Sin detenerse)
¡Hola mami!

JUANA levanta la vista, aunque cansada de trabajar, sonríe ante el saludo. GONZALO la mira sonriente también.

PEDRO
(Sin detenerse)
¡Traje un amigo!

JUANA
¡Mire el perla! Váyanse pa' la casa que vamos a tomar la once.

PEDRO
(Sin detenerse)
Ya, te esperamos.

Más allá, de un camión estatal se bajan víveres. Universitarios ayudan.

JUANA mira curiosa a su hijo que se aleja en bicicleta junto a GONZALO. Se agacha y sigue trabajando en la zanja.

1 **una pelota** balón – 2 **corresponder** erwidern – 4 **a tumbos** con dificultades y tropiezos – 5 **un hoyo** Loch – 5 **dichoso** muy contento, alegre – 6 **precario** modesto, pobre – 7 **refaccionar** reparar, restaurar – 9 **una zanja** excavación en la tierra, larga, estrecha, que sirve, entre otras cosas, para guiar el agua de la lluvia – 10 **un canasto** Korb – 21 **el perla** *coloq Chi* uc o up preciosa, valiosa – 21 **la once** *Chi* merienda realizada entre el almuerzo y la cena, con té, sandwiches y a veces pastel – 25 **los víveres** productos alimenticios – 27 **alejarse** distanciarse, irse lejos – 28 **agacharse** sich bücken

40. INT – CASA DE PEDRO (PIEZA PRINCIPAL) – TARDE

En la pieza principal hay algunos pósters: un niño que toma leche, Salvador Allende y Víctor Jara. GONZALO mira curioso todo el entorno. Está sentado en la mesa con PEDRO, quien lo mira bebiendo leche de una taza. GONZALO mira la mesa, dónde sólo hay pan y chancho chino. JUANA se les acerca con una bebé en brazos.

JUANA
¿Qué les pasa que están tan callados?
(A Gonzalo)
¿No tiene hambre? ¿Por qué no se toma la leche?

GONZALO
No, no es eso… es que ¿Tiene baño?

PEDRO
(Burlándose)
¡Cómo no va a tener baño!

JUANA
Ahí mira, esa casita que está ahí. Ahí vaya…

JUANA le indica a través de la ventana, la caseta del baño que se encuentra afuera de la casa.

GONZALO
(Se levanta)
Permiso.

JUANA
(Ordenándole a Pedro)
Ya pues, acompáñalo.
(Pegándole un desproporcionado coscacho)
¡Anda, acompáñalo!

PEDRO se queja.

3 **Víctor Jara (1932-1973)** músico, cantautor y director de teatro chileno – 4 **un entorno** área que rodea uc o algún lugar – 6 **un chancho chino** cerdo importado de China – 9 **callado** en silencio – 19 **una casita** casa pequeña *aquí:* WC – 27 **desproporcionado** fuera de proporción – 27 **un coscacho** *AmS* golpe dado en la cabeza con los nudillos (Knöchel) de los dedos de la mano, coscorrón

PEDRO
No quiero, que vaya él solo.

GONZALO
No se preocupe, si ya lo vi.

JUANA
(Ordenándole a Pedro)
Pasa, pasa la taza.

PEDRO
(Pasándosela)
Ahí está la taza.

JUANA
(Quejándose y tomando la taza)
Pucha, que me hacís rabiar.

PEDRO se queda en la mesa. GONZALO sale rumbo al baño. JUANA lo mira.

JUANA
Simpático tu amigo… ¿Por qué no lo habías traído antes?

PEDRO se encoge de hombros. Tiene sus bigotes manchados con leche.

JUANA
A ver, limpiate ahí…

PEDRO se limpia la boca con la mano, su madre lo ayuda.

JUANA
…Eso, quedaste todo cochino.

PEDRO se sigue limpiando.

4 **¡no se preocupe!** Seien Sie unbesorgt – 13 **pucha** *Chi aquí:* Mensch! Verdammt! – 13 **hacís** *Chi* haces – 13 **rabiar** enfadarse – 18 **encogerse de hombros** mit den Achseln zucken – 24 **cochino** *aquí:* sucio

41. INT/EXT – CASA DE PEDRO (CASETA BAÑO/ FRONTIS) – TARDE

GONZALO ingresa a un pequeño cubículo de madera. Al interior de la caseta las moscas revolotean sobre la taza del wáter abierta. La luz pasa entre las rendijas de madera. GONZALO, con cara de asco, toma aire y desabrocha el cierre. Orina aguantando la respiración. Cuando termina, echa una pequeña ojeada dentro del excusado. Sale disparado hacia fuera y en forma exagerada expele el aire que se había guardado. SILVANA está afuera. GONZALO se sorprende por la presencia de la niña.

SILVANA
Hola.

GONZALO
(Incómodo)
Hola.

SILVANA se sonríe coqueta. GONZALO se incomoda aún más. Se sube el cierre de su pantalón. Avanza tímidamente hacia la casa, mira disimuladamente hacia a atrás. SILVANA está inmóvil. Llega a la puerta y se gira, SILVANA no está, la niña se ha dado la vuelta a la casa por el otro lado. Se topan en la puerta. SILVANA observa la bicicleta de GONZALO.

SILVANA
¿Es tuya?

GONZALO
Sí.

SILVANA
Cuídala, mira que aquí somos todos bien manilargas. No te das ni cuenta y ya no está.

3 **un cubículo de madera** caseta, casa pequeña de madera – 4 **una mosca** Fliege – 5 **una rendija** espacio entre dos tablas a través de las cuales se puede ver – 6 **asco** Ekel – 6 **un cierre** *aquí:* parte de una pieza de vestir, de metal o plástico, con dientes y que cierra, por ejemplo un pantalón – 7 **orinar** hacer pis – 8 **un excusado** *aquí:* deposito que se encuentra dentro de una caseta utilizado como WC – 8 **disparado** → disparar – 9 **expelar** sacar – 18 **avanzar** ir hacia adelante – 21 **toparse con uc o up** encontrarse – 28 **un manilarga** ladrón

GONZALO agarra su bicicleta y la acerca hacia la casa.

42. INT – CASA DE PEDRO (PIEZA PRINCIPAL) – TARDE

SILVANA entra, atrás la sigue GONZALO.

SILVANA
Hola.

JUANA
¡Toca la puerta que sea!

SILVANA
Ay, acompañe al pituco no más.

PEDRO
Se llama GONZALO, cabrita.

JUANA está limpiando la mesa.

JUANA
(Le pasa la niña a Silvana)
Oye, ayúdame. Ayuda, haz algo útil, toma.

SILVANA
(con la niña en brazos)
¿Está con hipo?

JUANA
(Sigue ordenando)
Sí, pégale en la espalda.

SILVANA
(Sentándose en un camastro)
Oye, vengan a sentarse.
(A Gonzalo)
Oye Pituco, ven pa'cá poh.
(juega con la guagua)
Perdón, Gonzalo.

7 **¡Toca la puerta que sea!** *coloq* du könntest wenigstens anklopfen! – 7 **que sea** *coloq* aunque sea (wenigstens) – 11 **una cabrita** *Chi* niñita – 15 **útil** nützlich – 18 **el hipo** Schluckauf – 26 **pa' cá** *coloq* para acá (aqui)

PEDRO
Gonzalo, cabra porfiada, Gonzalo.

JUANA
(Desde la mesa, afanando)
¡Ya, sin molestar, Silvana!

SILVANA
Ya, si no estoy molestando.

SILVANA saca las flatulencias a la guagua. GONZALO se sienta al lado de ella.

SILVANA
¡Oye Peter!

PEDRO
¿Qué?

SILVANA
¿Qué hai aprendido en el colegio del pituco? Vah, del Gonzalo.

PEDRO
(Caminando hacia ellos)
¡Es porfiada!
(se sienta frente a ellos)
A hablar en inglés.

GONZALO lo mira extrañado. JUANA pone atención.

SILVANA
Ahh, de a dónde.

PEDRO
En serio. Si no es tan difícil, *(A Gonzalo, buscando su aprobación)*
¿no es cierto?

GONZALO
(Un poco avergonzado, a Silvana)
Más o menos.

2 **porfiado** starrköpfig – 4 **afanar** trabajar mucho y con dedicación – 8 **la flatulencia** Blähungen – 15 **hai** *Chi coloq* has – 23 **de a dónde** *coloq* ach komm!, von wegen

SILVANA
A ver, dale. Di algo.

PEDRO
Good morning.

SILVANA
Shh, pero esa hasta yo me la sé. Di otra cosa..

PEDRO
Otra cosa…

SILVANA
Yaaaa… A ver di…
(mira a la guagua)
¡Qué linda es mi hermana la Rosita!

JUANA mira a PEDRO expectante a su respuesta.

PEDRO
(Serio)
Won du tris bon Rosita.

JUANA queda quieta, dudosa. GONZALO lo mira sonriente.

SILVANA
Y di… en Chile el presidente se llama Salvador Allende…

PEDRO
En Chili tum ban sin gon Salvator Allende.

GONZALO se sonríe, delatándolo. SILVANA se da cuenta de la broma. JUANA también y vuelve a sus labores.

SILVANA
Ahhh, estai puro tonteando.

PEDRO
Bueno, si no me creí, para qué preguntai.

17 **dudoso** *aquí:* zweifelnd – 23 **una broma** hecho y/o historia divertida y graciosa – 25 **estai** *Chi* estás – 25 **puro** + GER *Chi* hacer uc todo el tiempo

SILVANA
A ver si sabes esta, oye, ¿Qué significa "I love you"?

PEDRO no contesta. Mira a GONZALO avergonzado.

PEDRO
No quiero jugar más. Pregúntale al Gonzalo.

SILVANA mira al invitado. GONZALO, sin pensarlo contesta.

SILVANA
(Coqueta, desafiante)
¿Tú sabís?

GONZALO
Te amo.
(se avergüenza)

PEDRO lo mira y sonríe.

SILVANA
(Sonríe coqueta)
¡Tu amigo sí sabe, poh!

SILVANA le hace fiesta a la guagua, que se pone un poco mañosa. GONZALO la mira fijo.

43. EXT – POBLACIÓN "EL ESFUERZO" (PASAJES) – ATARDECER

Es la hora del crepúsculo. Hay bastante movimiento en la población. Divisamos a GONZALO que se acerca sobre su bicicleta. Viene a toda carrera, como si arrancara de algo. Unos perros lo persiguen, ladrando histéricamente.

POBLADORA
¡Pa'onde vai tan apurado, rucio!

GONZALO se pierde en la distancia.

8 **desafiante** herausfordernd – 18 **mañoso** störrisch – 21 **el crepúsculo** cuando la luz del día empieza a desaparecer – 24 **perseguir** verfolgen – 24 **históricamente** de forma descontrolada, irracional – 26 **pa'onde vai** *Chi* ¿a dónde vas? – 26 **rucio** *Chi* rubio

44. EXT/INT – LOCALES COMERCIALES (TRASTIENDA) – DÍA

GONZALO Y PATRICIO frente a un local comercial con su cortina metálica cerrada.

HOMBRE TRASTIENDA (V.O.)
¿Quién es?

PATRICIO
Patricio Infante.

Un asistente abre la cortina. PATRICIO saluda familiarmente.

PATRICIO
¿Cómo está? Permiso.

PATRICIO entra, lo sigue GONZALO.

ASISTENTE
Adelante.

Entran en una bodega con sacos de diversos productos en distintos estantes.

PATRICIO
¿Cómo está don César?

HOMBRE TRASTIENDA (V.O.)
¿¡Cómo está don Patricio!? ¡Gusto en saludarle pues... *(le estrecha la mano)* ...Cómo le va! ¿Qué cuenta de bueno?

PATRICIO
Aquí estamos, bien.

HOMBRE TRASTIENDA (V.O.)
(Mira sorprendido a Gonzalo)... ¡Oye el cara de gringo! ¡Está grande ah! ¡Mire como ha crecido!

5 **una trastienda** parte de atrás de una tienda – 15 **una bodega** lugar donde se guardan productos diversos – 25 **gringo** *coloq* de Estados Unidos

PATRICIO
(Mira a Gonzalo y sonríe)
Sí…

HOMBRE TRASTIENDA (V.O.)
(Lo invita a sentarse)
… asiento.

Un hombre baja de un segundo piso cargando un saco de azúcar. El asistente se dirige a otro sector del lugar a ordenar. La cámara comienza a descubrir todo el entorno mientras Patricio conversa con el hombre.

PATRICIO
¿Cómo anda la cosa?

HOMBRE TRASTIENDA (V.O.)
Bien, poh aquí estamos, haciéndole empeño.

PATRICIO (V.O.)
¡Ah, cigarritos! Qué bueno, voy a llevar cigarros.

HOMBRE TRASTIENDA (V.O.)
Sí pues.

El hombre deja el saco de azúcar apilado junto a una torre de más sacos. Se devuelve al segundo piso. Vemos otras cajas, con jabones, detergente y demases.

PATRICIO (V.O.)
¿Oiga, y jamón le llegó o no?

HOMBRE TRASTIENDA (V.O.)
Pero bueno… ¡excelente pues!

PATRICIO (V.O.)
¿Sí? Ya voy a llevar una pierna entonces.

6 **asiento** *coloq* tome asiento, siéntese – 8 **dirigirse** ir – 14 **hacer empeño** hacer esfuerzo, poner interés – 19 **apilar** poner muchas cosas una encima de la otra – 20 **devolverse** *Am* volverse – 21 **demases** otras cosas

HOMBRE TRASTIENDA (V.O.)
Está fresquito.

GONZALO mira su alrededor de pie. Lee las cajas.

CORTE A:

45. EXT – LOCALES COMERCIALES (PASAJE/CALLE) – DÍA

GONZALO y PATRICIO caminan a contraluz. Ambos con la mano derecha en la boca muy concentrados. Salen a la luz de la calle y vemos que PATRICIO fuma un cigarrillo, y GONZALO come un alfajor. PATRICIO mira a ambos lados, trae una bolsa de papel en un brazo con artículos importados. Pasan frente a un letrero que tiene escrito "NO HAY CIGARROS", "NO HAY ARROLLADO", "NO HAY CARNE", "NO HAY LECHE", "NO HAY HARINA", "NO HAY HUEVOS", mientras dos hombres juegan cartas sentados en unos cajones.

46. INT – COLEGIO ST. PETER'S (SALA DE CLASES) – DÍA

La profesora distribuye las pruebas corregidas. Las reparte aleatoriamente.

GILDA
Toro.

Le entrega su prueba sin calificación. Lisandro la acerca para sí.

GILDA
(Cálida se acerca a Lisandro)
Para el próximo control vamos a estudiar juntos, ¿ok?

7 **contraluz** mirar uc contra la luz – 10 **un alfajor** *CSur, Pe* dulce hecho de dos rodajas de masa delgadas, pegadas con dulce, generalmente de leche – 13 **un arrollado** carne de vaca o cerdo, cocida y rellena con la forma de un rollo – 15 **un cajón** caja grande para guardar diferentes objetos – 19 **aleatoriamente** sin un orden determinado, al azar – 22 **una calificación** nota – 25 **cálido** con cariño y atención

El niño no se inmuta. GILDA sigue su paseo y entrega las pruebas.

GILDA
Robles.

ROBLES espera su resultado, es un 3.

GILDA
You have to study more.

ROBLES se decepciona. Los niños miran impacientes.

GILDA
(A Pedro)
Machuca
(se acerca y le pasa la prueba)
Very good, Machuca, good effort.

PEDRO escucha orgulloso, como si se le hubiera olvidado de que GONZALO le hizo la prueba. Mira su nota, un 4,5 (Chile tiene escala del 1 al 7). Queda dudoso.

GILDA
Infante...
(le entrega la prueba)
... very good.
(se gira para cambiar rumbo)
Gómez.

GONZALO recibe su prueba. PEDRO le toca el hombro.

PEDRO
(sacudiendo la prueba)
¿Qué nota te sacaste?

GONZALO
Un siete.

1 **inmutarse** sich erschüttern lassen – 8 **decepcionarse** enttäuscht sein – 26 **sacarse una nota** obtener una nota en un examen

Silencio. PEDRO mira incrédulo la prueba suya. GONZALO se da vuelta y mira su prueba. Tiene un 7.

La profesora continua entregando las notas.

47. EXT – COLEGIO ST. PETER'S (CANCHA DE ATLETISMO) – MAÑANA

El PADRE MC ENROE, de buzo y zapatillas blancas de lona, hace ejercicios de calentamiento. Da golpes de boxeo al aire. Los niños están enfilados en la pista. Cada uno en un número correspondiente a una pista.

CORTE A:

48. EXT – COLEGIO ST. PETER'S (CANCHA DE ATLETISMO) – MAÑANA

Sólo siete niños y el PADRE MC ENROE en posición de partida.

PADRE MC ENROE
Boys, a sus marcas, listos…
(comienza a correr antes que todos)
…¡Go!

Los niños arrancan a toda velocidad. Los antiguos corren con el uniforme de deportes del colegio. PEDRO lo hace con una polera blanca, unos shorts que le quedan grandes y sus zapatos de colegio.

PEDRO y ROBLES pelean la punta. El PADRE MC ENROE corre como un tanque. GONZALO y los otros niños se mueven para que no los arrollen.

El PADRE MC ENROE lleva la delantera hasta llegar a la meta. Los niños llegan desilusionados. El PADRE MC ENROE se autocelebra el triunfo, agotado, toma aire. PEDRO mira sin entender.

1 **incrédulo** que no puede creer uc – 6 **un buzo** vestimenta que se usa para hacer deporte, generalmente compuesto de chaqueta y pantalón – 7 **el calentamiento** →calor – 8 **enfilados** en fila – 18 **arrancar** starten – 22 **pelear la punta** *loc* disputar, pelear el primer puesto – 23 **un tanque** vehículo pesado usado en la guerra – 24 **arrollar** überfahren – 27 **triunfo** éxito, victoria – 27 **agotado** muy cansado

CORTE A:

49. EXT – COLEGIO ST. PETER'S (CANCHA DE ATLETISMO) – MAÑANA

RIQUELME escribe en la pizarra con una tiza. Los demás niños observan expectantes la calificación.

PADRE MC ENROE
Segundo.

PEDRO
Machuca.

PADRE MC ENROE
Tercero.

ROBLES
Robles.

GONZALO se acerca para felicitar a PEDRO. Estira la mano, y PEDRO la rechaza. GONZALO nota su malestar.

50. INT – COLEGIO ST. PETER´S (DUCHAS/CAMARINES) – DÍA

Los niños se duchan bajo unas regaderas sin separaciones. GONZALO ve a PEDRO y se acerca a él. Este no lo toma en cuenta.

GONZALO
¿Estás enojado?

PEDRO no contesta.

GONZALO
Hueón, si te sacabas un siete, nos iban a pillar al tiro. Obvio.

4 **una tiza** material usado para escribir en las pizarras de una escuela – 5 **expectante** alerta; que espera observando – 14 **estirar** ausstrecken – 15 **un malestar** Unwohlsein – 18 **una regadera** *Am* ducha – 25 **si te sacabas** *coloq:* si te hubieras sacado – 25 **al tiro** *Chi* inmediamente

PEDRO
(Irónico)
Obvio.

PEDRO se sigue enjabonando y lavando.

GONZALO
Me da una lata… Hoy día es el cumpleaños de mi hermana. Se va a llenar de hueones la casa.

PEDRO
¿Y qué tiene?

PEDRO y GONZALO están saliendo de sus duchas. ROBLES aprovecha que PEDRO pasa cerca de él y simula un gesto como si PEDRO oliera mal. El curso se ríe. PEDRO se da cuenta. ROBLES se sigue duchando. PEDRO lo mira. Mira su pene y levanta la mano ante sus ojos con un gesto de que es muy pequeño. Todos los niños ríen con más fuerza. PEDRO y GONZALO caminan hasta los camarines.

GONZALO
Mis papás van a salir…

Ambos sacan sus respectivas toallas.

GONZALO (CONT'D)
… Me pidieron que me quedara vigilando por si queda alguna cagada.

PEDRO
Ah… ¿Y cuántos años cumple tu hermana?

GONZALO
Dieciséis.

PEDRO se da vuelta a mirar a GONZALO mientras se seca la cara.

3 **obvio** claro – 4 **enjabonado** lleno de jabón (Seife) – 6 **dar (la) lata** *loc coloq* molestar – 11 **aprovechar** ausnutzen – 11 **simular** so tun als ob, vortäuschen – 16 **camarín** lugar para cambiarse de ropa – 19 **toalla** Handtuch – 21 **por si queda alguna cagada…** *vulg* falls sie irgend einen Scheiß bauen …

GONZALO (CONT'D)
Es que no le gusta dejarla sola con el pololo.
(Le hace el gesto con las manos de tener sexo).

PEDRO
(Entendiendo)
Ah.
(Comprensivo)
Si quieres te acompaño.

GONZALO
¿A mi casa?

PEDRO
(A la defensiva)
Bueno, si hay algún problema no importa... si era por acompañarte no más.

GONZALO la piensa.

51. EXT – CASA DE GONZALO (ENTRADA) – TARDE

PEDRO y GONZALO afuera de la casa de GONZALO. PEDRO está en el ventanal de la entrada mirando al interior. GONZALO toca el timbre. Los vemos desde adentro de la casa. ISABEL abre la puerta, lo ve con su amigo.

GONZALO
(Incómodo)
Hola.
(entra la bicicleta)

PEDRO
(Entrando)
Hola.

ISABEL
(Desganada)
Hola.

2 **un pololo** *coloq Chi* novio – 18 **un ventanal** ventana grande – 29 **desganado** sin ganas

PEDRO
(La mira de pies a cabeza)
Feliz cumpleaños.

ISABEL
Gracias.

ISABEL cierra la puerta y mira molesta a GONZALO. Los ignora y camina al living. Los niños suben la escalera. Se oye un golpe al lado de ésta. Es PABLO.

PABLO
Paren, paren, paren,... ¡hey!
(se pone frente a los niños)
¡Saluden pues!

GONZALO
Hola.

PABLO
¿Amigo nuevo?

GONZALO
Sí.

PABLO
Este es de los que llegaron al colegio ¿no?

GONZALO asiente con la mirada. PEDRO lo mira intimidado. PABLO le da la mano. PEDRO le responde el saludo. PABLO no le suelta la mano.

PABLO
¿Cómo te llamas?

PEDRO
Pedro.

PABLO
¿Pero Pedro cuánto?

6 **ignorar** no tener conocimiento, no estar informado – 21 **asentir** estar de acuerdo, afirmar – 23 **soltar** dejar en libertad

PEDRO
Pedro Machuca.

PABLO
¿Machuca?

PABLO ríe exageradamente.

GONZALO
Ya deja de molestar…

GONZALO trata de soltar la mano de PABLO que sostiene firme la de PEDRO. Notamos que en la otra tiene un linchaco.

GONZALO
Para, para, para…

PABLO
(Detiene a GONZALO)
Ya, deja de pendejear oye.
(A PEDRO)
¿Pero cómo te dicen?

PEDRO
Peter.

PABLO
(Ríe, sin soltar la mano)
¡Peter!

GONZALO trata nuevamente de que PABLO suelte la mano de PEDRO.

GONZALO
¡Ya para, por fa!

PABLO sin soltar a PEDRO lo lleva hasta el living. Al fondo, en el comedor, está ISABEL en los preparativos de su fiesta.

5 **exageradamente** fuera de proporción, demasiado – 9 **un linchaco** *Chi* arma formada por dos mangos (pedazos de madera) unidos por una cadena – 13 **detener** parar, no moverse – 14 **pendejear** (→ pendejo) hacer o decir tonterías – 25 **por fa** *coloq* por favor

PABLO
Oye, a este tipo de gente le ponen unos sobrenombres tan extraños.

ISABEL
Déjalos tranquilos.

GONZALO
¡Ya suéltalo!

PABLO
(A GONZALO, lo apunta con el linchaco)
¡Tranquilo tú!
(Suelta la mano de PEDRO, le muestra el linchaco)
¿Sabes para qué es esto?

PEDRO
No.

PABLO
Pa' defenderse, mira.

PABLO comienza una exhibición temible. El linchaco vibra en el aire y lo corta con violencia, mientras el joven mira obsesionado a PEDRO. Los niños observan perplejos. PABLO se pone cerca y les pone una cara de soldado en guerra. PEDRO no se inmuta.

52. INT – CASA DE GONZALO (PIEZA DE GONZALO) – TARDE

GONZALO y PEDRO entran a la pieza.

GONZALO
Te dije que ese hueón es muy imbécil.

PEDRO
Ya, no te preocupís.

2 **sobrenombre** nombre adicional que una persona, dado frecuentemente por la familia y/o amigos – 16 **defenderse** protegerse, cuidarse – 17 **temible** que provoca temor, miedo – 19 **obsesionado** inflexible, con una idea o actitud fija – 26 **imbécil** persona que no es muy inteligente, tonta – 28 **preocupís** *Chi* preocupes

GONZALO se saca su ropa escolar, la tira al suelo. PEDRO mira en la pared un poster del Llanero Solitario. GONZALO lo mira. PEDRO observa las figuritas en una repisa. GONZALO abre su closet, y displicentemente elige qué ponerse entre un grupo de poleras. En el closet hay grupos de chalecos y camisas, y cuelgan un par de chaquetones. No hay mayores excesos para una casa de clase media. PEDRO lo observa impresionado.

PEDRO
(Sin poder controlarse)
¿Toda esa ropa es tuya?

GONZALO
(Mira el closet)
Sí… o sea, más o menos, tengo un primo que cuando deja de ocupar la ropa me la da…

PEDRO repara en unas zapatillas Adidas.

PEDRO
(Las toca. Lee la marca)
¡Adidas! ¡Qué suerte!
(Toca el logo mientras las sigue mirando)
Made in Germany.
(Leído en regular inglés).

GONZALO
(Realmente incómodo)
¿Las quieres usar? Te las presto…

PEDRO
¿En serio?…

GONZALO
Te las presto…

3 **una repisa** pedazo de madera que se fija en una pared y sirve para poner cosas encima – 4 **un clóset** mueble en una habitación, construído como continuación de la pared para guardar ropa y otros objetos – 4 **displicentemente** con desagrado (Missfallen) – 5 **un chaleco** prenda de vestir con mangas y que se cierra con botones en la parte delantera – 6 **un chaquetón** pieza de vestir usada en invierno; → chaqueta – 6 **exceso** uc que sobra – 7 **impresionado** → impresión – 15 **reparar en uc** darse cuenta, notar – 15 **unas zapatillas** *pl* zapatos para hacer deportes – 24 **prestar** entregar uc a up por un tiempo determinado y después hay que devolverlo

PEDRO se saca los zapatos de colegio, y se empieza a poner las zapatillas.

PEDRO
¡Oye, qué buena onda tu viejo!

GONZALO
No, no fue mi papá… Me las regaló un tío…
(se pone una camisa)
…O sea, un amigo de mi mamá, son de Buenos Aires.

PEDRO se prueba las zapatillas.

PEDRO
Tiene buenos amigos tu mamá.

Se para, se las mira puestas. Salta, al principio suavecito, luego más alto, para terminar con una levantada de rodillas muy rápida sobre el mismo sitio.

PEDRO
Están exquisitas.

53. INT – CASA DE GONZALO (LIVING-COMEDOR) – NOCHE

La música suena a todo volumen. A media luz las parejas bailan, conversan y se besan repletando el living de la casa. GONZALO camina entre medio de los asistentes hasta que encuentra a PEDRO sentado frente a una mesa llena de cosas para picar. Come y toma bebida, feliz. Nota que GONZALO lo está mirando y le hace señas de que lo está pasando muy bien. GONZALO ríe, satisfecho. Se gira y a un costado ve como PABLO besa y toquetea a ISABEL, mientras ésta llena un vaso de alcohol y ríe ante las caricias. PABLO da unas piteadas a un cigarrillo de marihuana y nota que GONZALO los observa celoso o molesto. Se acerca a él para enfrentarlo. ISABEL lo detiene y va ella.

4 **buena onda** *coloq* buena persona, *aquí:* generosa – 13 **una rodilla** parte de la pierna, entre la parte superior y la inferior – 16 **exquisito** *(generalmente se usa con comida o bebida)* muy bueno, fantástico – 20 **repletar** llenar – 21 **un asistente** *aquí:* invitado – 23 **picar** comer un poco de dieferentes cosas – 26 **toquetear** befummeln – 27 **dar una pit(e)ada** *Am loc* aspirar una vez un cigarrillo (ziehen) – 29 **molesto** enfadado, enojado

ISABEL
(Gritando por el volumen de la música)
¿Qué mirai?

GONZALO
Nada.

ISABEL
(Lo amenaza, se nota ebria)
¡¿Qué mirai poh, dime?!

GONZALO
(Habla más fuerte)
Nada.

ISABEL bebe un sorbo de su trago mientras mira a PEDRO que sigue comiendo desenfrenadamente.

ISABEL
Dile a tu amigo que no se coma todo.
(Bebe otro trago y se acerca más a Gonzalo)
Tómate un trago conmigo.

GONZALO
No.

ISABEL
(Inentendible)
¡Toma si qué tanto!
(Insiste, alegre)
Ya toma un trago conmigo.
(Le acerca el vaso, sin soltarlo)
Dale, toma.

GONZALO ante la insistencia, agarra el vaso y bebe con cara de asco. ISABEL ríe, lo abraza por el cuello y lo besa en la mejilla.

ISABEL
Mi hermanito… ¿Te gustó?… Te lo regalo.

7 **ebrio** que ha bebido mucho alcohol – 12 **un sorbo** un poco de líquido – 12 **un trago** Drink – 13 **desenfrenadamente** descontroladamente, sin freno, sin control – 22 **¡qué tanto!** se usa para expresar impaciencia, enojo – 27 **insistencia** pedir muchas veces

ISABEL le pasa el vaso. GONZALO niega con la cabeza y se lo devuelve.

ISABEL
¡Llévatelo, llévatelo!

GONZALO
¡No!

ISABEL
Total, tu mamita no está… *(insiste en pasarle el vaso)* no está tu mamita… llévatelo… llévate el trago.

ISABEL sonríe seductora y triunfante. GONZALO se queda con el vaso. PEDRO, que sigue comiendo, repara en GONZALO, que le da sorbos al vaso a pesar de que no le agrada, pues su cara de asco es inminente. GONZALO se acerca a PEDRO y le ofrece beber del trago. PEDRO lo huele, pone cara de asco y niega con la cabeza. Sigue comiendo. GONZALO deja el vaso al lado del plato de PEDRO y se da vuelta a mirar la fiesta. Pedro lo ve, mira a GONZALO dudoso, agarra el vaso, lo huele con asco y bebe, curioso. No le gusta pero bebe otra vez. GONZALO ya se ha volteado y lo ha descubierto. Los niños se miran y se largan a reír. GONZALO decidido toma el vaso y ahora bebe un largo trago.

54. INT – CASA DE GONZALO (LIVING-COMEDOR) – NOCHE

GONZALO y PEDRO, un tanto ebrios, disfrutan de la fiesta. Pasan agachados entre las niñas que bailan. Se ponen de pie y ellos bailan abrazados a otra niña. Son empujados por un grupo que los celebran. Caen a un sillón, se matan de la risa. Ven como los demás bailan y gozan la fiesta. Están mareados y se abrazan sonrientes a observar el entorno.

1 **negar** decir que no – 13 **inminente** *aquí:* evidente, claro – 14 **oler** riechen – 19 **voltearse** darse vuelta, girar – 19 **largarse a reír** empezar a reír – 25 **agachado** inclinarse para pasar sin ser visto – 26 **empujar** schubsen, schieben – 28 **estoy mareado** mir ist schwindelig

55. INT – CASA DE GONZALO (BAÑO/PASILLO) – NOCHE

GONZALO bebe agua de la llave del lavamanos. Se seca con la mano y escucha el ruido de la puerta principal. Sale corriendo del baño.

56. INT – CASA DE GONZALO (PIEZA DE GONZALO) – NOCHE

GONZALO, con la camisa que usó en la fiesta y calzoncillos, se mete rápido en la cama. A su lado, sobre un colchón, PEDRO está acostado en una improvisada cama. Se escuchan unas voces a lo lejos. Son PATRICIO y MARÍA LUISA que entran a la casa. Vienen risueños, con algo de alcohol en el cuerpo.

PATRICIO (V.O.)
(Riéndose)
¿Cuando me invitai a otra comida?
Harto siúticos tus amigos.

GONZALO y PEDRO se sientan en sus respectivas camas. Se ríen de lo que están escuchando.

MARÍA LUISA (V.O.)
(También riéndose)
¡Oye, tanto los pelas! Estabas feliz con las papitas duquesas y el filete, para qué te digo El Chivas, si te lo hiciste chupete mi amor…

PATRICIO (V.O.)
Es que no hay mejor afrodisíaco que un buen Chivas Regal.

Los niños se ríen del comentario de PATRICIO. GONZALO pide a PEDRO que se ría más bajo. Las voces se acercan a la pieza de GONZALO. Se siente que paran cada ciertos pasos a besarse.

3 **un lavamanos** lavabo – 12 **risueño** que se ríe mucho – 15 **invitai** *Chi* invitas – 16 **(pi)siútico** *coloq Chi Cuy* dicho de una persona que pretende ser fina, elegante, imitando a up de una clase social alta – 21 **pelar** (a up) *Chi* hablar mal sobre up – 22 **para qué te digo** mejor ni hablar de – 22 **un chupete** objeto de goma o silicona que se le da a los niños para que chupen y se tranquilicen – 22 **hacer chupete uc** *loc* beber sin poder parar – 25 **Chivas Regal** marca de whisky

MARÍA LUISA (V.O.)
Ya, ya… para. Estás muy curado, ¡Ya Patricio!

PATRICIO (V.O.)
Te voy hacer una cochinaíta bien ordinaria.

GONZALO escucha con cierta ilusión. PEDRO se impresiona de lo que dice PATRICIO y ríe.

MARÍA LUISA (V.O.)
¡Ya suéltame! ¡No me toques! ¡Los niños están durmiendo, no quiero despertarlos!

GONZALO ya no ríe. Junto a PEDRO, están expectantes de lo que ocurre. Las voces se sienten afuera de la pieza.

PATRICIO (V.O.)
¿Ordinario? ¿Ahora soy yo el ordinario?…

MARÍA LUISA (V.O.)
Shhh…

PATRICIO (V.O.)
…¿Sabes qué? Los únicos ordinarios de verdad son tus amigos esos. ¡Esos si que son ordinarios! …

PEDRO
(A Gonzalo)
¿Se curó?

GONZALO serio lo hace callar con su índice en la boca. Quiere escuchar la discusión de sus padres. PEDRO nota la preocupación y se calla.

PATRICIO (V.O.)
¡Esas hueonas que hablan puras estupideces y esos hueones que lo único que les interesa es el bolsillo! Que venden, que ganan, ¡Esos si que son ordinarios!

2 **estar curado** estar borracho – 4 **una cochinaíta** *coloq Chi* hacer una cochinada, algo malintencionado – 4 **ordinario** *aquí:* vulgar – 10 **estar expectante** esperar con curiosidad – 11 **ocurir** pasar – 11 **una pieza** *Am* dormitorio – 21 **curarse** *Chi coloq* emborracharse – 22 **callar(se)** no decir nada

MARÍA LUISA (V.O.)
Bueno, al menos tienen algo de que sentirse orgullosos.

PATRICIO (V.O.)
Algo de que sentirse orgulloso ¿ah?

En ese momento, vemos a través de la puerta entreabierta de la pieza de GONZALO a MARÍA LUISA que se detiene a discutir con PATRICIO.

PATRICIO (V.O.)
¿Como tú, no es cierto?

MARÍA LUISA
¿A ver, qué quisiste decir?

PATRICIO (V.O.)
Sabes perfectamente lo que quise decir.

MARÍA LUISA
No, no sé lo que quieres decir. Así que si tienes algo que decir, dilo ahora, como hombre.
(Pausa)
Como una vez en tu vida, o sino quédate callado.

GONZALO mira atónito a sus padres.

PATRICIO (V.O.)
Mira, lo único que te voy a pedir es que a Gonzalo lo dejís fuera de esto… hace rato que se te está pasando la mano.

PEDRO mira a GONZALO, como tratando de entender su problema y en lo que está involucrado. GONZALO corresponde la mirada, pero rehúye. No quiere dar explicaciones, se avergüenza y se acuesta dándole la espalda a PEDRO.

MARÍA LUISA (V.O.)
¿A mí se me pasa la mano? ¿A mí?… ¿A mí se me pasa la mano? ¡¿A tí no, fijate?!

19 **atónito** muy sorprendido, espantado – 21 **dejís** *Chi* dejes – 24 **involucrado** involviert, verwickelt – 25 **rehuir** escapar, evitar – 26 **avergonzarse** sentir vergüenza – 28 **pasársele la mano a up** zu weit gehen

PATRICIO (V.O.)
Sí a ti.

Se escucha a MARÍA LUISA que entra a su pieza y cierra la puerta. PEDRO entiende que la discusión ya está llegando a su fin, o al menos, al fin de él seguir escuchando.

PATRICIO (V.O.)
(Golpea la puerta)
Oye, ¡Abre la puerta! ¡MARÍA LUISA abre la puerta! ¡Abre la puerta!

MARÍA LUISA (V.O.)
¡No pienso! ¡Ándate a dormir a otra parte!

PATRICIO se va de la casa cerrando con un gran portazo.

GONZALO escucha aguantando el llanto.

57. INT – CASA DE GONZALO (PIEZA DE GONZALO) – MAÑANA

Es de mañana. GONZALO y PEDRO duermen plácidamente. MARÍA LUISA interrumpe esta paz abriendo la puerta. Anda vestida con una bata abierta que le deja ver una camisa de dormir que oculta poco de su cuerpo. Se ve preciosa. Vemos a PEDRO destapado y en calzoncillos.

MARÍA LUISA
¡Buenos días!

Los niños despiertan.

MARÍA LUISA
¡Que hay olor a hombre aquí!

GONZALO se tapa hasta el cuello. PEDRO recoge rápidamente las ropas de cama para taparse.

12 **un portazo** golpe con la puerta cerrándola muy fuerte – 13 **aguantar** *aquí:* unterdrücken – 16 **plácidamente** tranquilamente – 18 **una bata** Morgenmantel – 19 **ocultar** ≠ mostrar – 20 **destapado** sin una manta encima

MARÍA LUISA
(Mira a Pedro)
¿Y este niño?

GONZALO
Un amigo.

MARÍA LUISA
(Acercándose a Pedro)
¿Cómo te llamas?

PEDRO
(Tímido)
Pedro, señora.

MARÍA LUISA
(Se sienta en el colchón de Pedro)
Pedro.
(Lo mira fijamente)
¿Por qué nunca te había visto yo?

GONZALO
(Rápidamente lo justifica)
Es nuevo.

MARÍA LUISA
(A Gonzalo)
¿Son compañeros?

PEDRO
(Asintiendo)
Sí.

GONZALO está algo nervioso. Espera la aprobación de la madre. MARÍA LUISA mira fijamente a PEDRO.

MARÍA LUISA
(Sonríe)
Qué bonitos ojos tienes.

18 **justificar** explicar uc

PEDRO
(Entre orgullo y vergüenza)
Gracias.

GONZALO lo mira triunfante. Sonríe satisfecho.

MARÍA LUISA
(A Gonzalo)
¿Y usted?

GONZALO se da media vuelta, le da la espaldas a MARÍA LUISA, que lo acosa y se mete en su cama.

MARÍA LUISA
(A Gonzalo)
¿Y usted, y usted?
(Lo abraza por atrás)
¿Dónde va, que se me arranca?

MARÍA LUISA lo besa en la mejilla. GONZALO se deja acariciar pero se hace el indiferente. Unos segundos de silencio, abrazados.

MARÍA LUISA
¿Cómo lo pasaron en la fiesta anoche?

GONZALO
Más o menos. Estuvo fome.

PEDRO sonríe ante la mentira de GONZALO.

MARÍA LUISA
Mentiroso, ¿Y te gustó el regalo?

GONZALO
¿Qué regalo?

MARÍA LUISA
¿Cómo? ¿No lo viste?

9 **acosar** bedrängen – 14 **arrancarse** *Chi* escaparse – 16 **hacerse el/la** + ADJ = sich … stellen – 21 **fome** *Chi* aburrido

GONZALO
No.

MARÍA LUISA se levanta y desde dentro del velador saca un nuevo empaste de "El Llanero Solitario". Lo coloca frente a los ojos de GONZALO.

MARÍA LUISA
Este...
(Al oído)
Te lo mandó Roberto.

GONZALO disimula su molestia.

MARÍA LUISA
Toma.

GONZALO no lo toma. MARÍA LUISA nota el desagrado. Lo besa en la mejilla.

MARÍA LUISA
Si quieres no más...
(Se levanta)
Te lo dejo aquí...
(lo deja encima de la cama)
...por si te interesa.

PEDRO mira ensimismado el libro.

MARÍA LUISA
(Saliendo de la pieza)
¡Los espero a tomar desayuno, niños!

GONZALO no se mueve. PEDRO no se aguanta y toma el libro.

PEDRO
¡Hueón, mira!
(Ojeando el libro)
¡Puta que tenís suerte! ¡Préstamelo por favor!

4 **un empaste** *Chi* Band, Hardcover – 13 **desagrado** Missfallen – 21 **ensimismado** in Gedanken vertieft – 28 **ojear** mirar con atención

GONZALO
No, no ese no.

GONZALO mira a su amigo, se levanta, saca de un estante el primer empaste.

GONZALO
Si querís te presto éste.

PEDRO suelta el nuevo, y agarra el antiguo. GONZALO toma el nuevo. Los dos niños se quedan absortos leyendo.

58. EXT – LOCAL ABARROTES (MOSTRADOR) – DÍA

Estamos en un local de abarrotes. Mucha gente aglomerada y pidiendo productos frente al mostrador. GONZALO se hace espacio para ser atendido.

DEPENDIENTE
¡Con calma, con calma! ¡Háganme la cola! ¡Yo los voy a atender a todos, pero de a uno por favor! ¡De a uno, con calma!

GONZALO
¿Me da tres tarros de leche condensada?

DEPENDIENTE
¿Cómo que tres? Si son dos por nuca no más.

GONZALO
Mi nana me dijo que nos tocaban tres.

DEPENDIENTE
Bueno, dile a tu nana que venga a hacer la cola ella, entonces.

El dependiente saca desde una despensa que está a su espalda dos tarros de leche condensada y los deja sobre el mesón. GONZALO lo mira.

8 **absorto** muy concentrado – 9 **local de abarrotes** *Am* tienda donde se venden productos alimenticios – 10 **aglomerado** mucho todo junto y en poco espacio – 14 **hacer la cola** Schlange stehen – 19 **por nuca** por cabeza, por persona – 21 **una nana** *Am* persona encargada de cuidar a los niños en una casa

DEPENDIENTE
Aquí están, ¿Querís que te los envuelva?

GONZALO
No, acá tengo la bolsa.

DEPENDIENTE
Ya, son 50 escudos.

GONZALO le entrega el dinero y recoge los tarros que echa en su bolsa.

59. EXT – LOCAL ABARROTES (FRONTIS/CALLE) – TARDE

GONZALO empuja sobre el gentío para salir. Una vez afuera, agarra su bicicleta y camina al lado de una fila interminable de personas que esperan ser atendidas.
Pese a la incomodidad y al frío la gente se ve de buen ánimo, conversan y fuman.
GONZALO se da cuenta que SILVANA vende cigarros sueltos a la gente de la cola. SILVANA lo ve y lo saluda.

SILVANA
Hola Pituco.

GONZALO
Hola…

SILVANA
(Mira la bolsa)
¿En qué andai?

GONZALO
No sé… Dando vueltas…

SILVANA
(Mira los tarros de leche)
¿Leche condensada?

2 **envolver** poner uc en un papel – 6 **un escudo** *aquí:* moneda de Chile en la década del Golpe Militar de 1973 – 24 **¿en qué andas?** *coloq* was gibt's (Neues)?

(Ilusionada, toma un tarro)
¡Ay! ¡Date un poco!

GONZALO
No, está cerrado.

SILVANA
(suplica)
¡Ya poh, date un poco!
(esconde el tarro detrás de sí)
Adivina en qué mano está.

GONZALO
No, no puedo. Están cerrados.

SILVANA
(Coqueta)
Ya, poh pituco, ¡Pero si tenís dos!

GONZALO
(Firme)
Pero igual no.

SILVANA
Uno…

GONZALO
Están cerrados.

SILVANA
(Suplica, más coqueta)
Abramos uno…

GONZALO
No, no puedo.

SILVANA
Ya poh…

GONZALO
(Seguro de sí mismo)
No, no puedo.

2 **date** *coloq Chi aquí:* dame

CORTE A:

60. EXT – RIBERA (BORDE RÍO) – TARDE

Las manos de SILVANA golpean unas piedras para abrir un hoyo en un tarro de leche condensada. GONZALO y SILVANA están al borde del río. Sale un coágulo de leche. SILVANA se lleva el tarro a la boca y chupa intensamente del orificio. Luego ella le pasa el tarro a GONZALO para que pruebe.

SILVANA
Mmmmm... está súper rica, toma.

GONZALO
(Recibiéndola)
Gracias.

GONZALO empieza a succionar, completamente ido, como si se tratara de un bebé tomando pecho. SILVANA se ríe y lo saca del trance.

SILVANA
Oye párala...! Si no es nada teta la cuestión.

GONZALO se ruboriza. SILVANA le quita el tarro.

SILVANA
Tenís que tomar más tranquilito para no hincharte... Mira...

SILVANA bebe del tarro, demostrándole. GONZALO la observa concentrado.

SILVANA
Despacito...

SILVANA le pasa el tarro a GONZALO, quien lo toma y bebe probando si aprendió.

2 **un tarro** *AmS* Dose – 4 **un hoyo** agujero – 5 **un borde** *aquí:* la orilla – 5 **un coágulo** (Gerinnsel) *aquí:* un poco, unas gotas – 6 **chupar** pasar la lengua (para beber un poco) – 13 **succionar** chupar para sacar algo – 13 **ido** ausente – 15 **un trance** estado en el que pareciera que la realidad exterior no existiera – 17 **si no es nada teta** *Chi coloq* pero si no es una teta – 20 **hincharse** cuando la barriga se llena de aire

SILVANA
Yo no sé pa' qué van al colegio ustedes si no aprenden ni una hueá…
(Pausa)
Pa' que decir el Peter que es más flojo que un clavo… Si para ser bruto no hay que estudiar, ¿O sí?

GONZALO
(Ríe)
No.

SILVANA
Más lo que se gastan los curas en pagarle los estudios…

GONZALO
¿Y tú, a qué colegio vai?

SILVANA
No, yo ya no voy a ninguno. Me aburrí. Además ahora tengo que trabajar y cuidar la casa, ¿cachai?

GONZALO
¿Y tú mamá?

SILVANA
(Triste, baja la mirada)
No, mi mamá no.

GONZALO
¿No qué?

SILVANA
Se fue.

GONZALO
¿A dónde?

SILVANA sube los hombros. GONZALO se da cuenta de la situación de su amiga. La niña para cambiar de tema, pícara, le quita el tarro de leche.

3 **una hueá** huevada *CSur coloq* estupidez – 5 **pa' que decir el Peter** ni hablemos de Peter – 5 **más flojo que un clavo** muy flojo, vago – 16 **cachar** *Chi coloq* entender, comprender – 29 **pícaro** astuto, malicioso

SILVANA
Mira.
(Toma un sorbo, sin tragar)
Cierra los ojos.

GONZALO cierra los ojos, ella se acerca y lo besa. GONZALO se deja. Ella se aparta. Se enjuaga los labios.

SILVANA
Estai re' bueno para ser cabro chico.

GONZALO se ríe nervioso. Ella le da un manotón coqueto y desvaído, luego se estira hacia atrás, remolona. Le da vueltas a la rueda de la bicicleta de GONZALO.

SILVANA
¿Te gustó?

GONZALO aprueba con la cabeza.

SILVANA
¿Querís más?

GONZALO afirma con la cabeza. Ella le da a probar del tarro. Él se niega pasándoselo a ella.

SILVANA
Ven, poh.

SILVANA acerca el tarro hacia ella. GONZALO lo sigue. Ella prueba del tarro, mientras él no le quita los ojos de encima. Enseguida SILVANA toma su cara y le planta otro beso más. De pronto una piedra golpea el segundo tarro. La pareja se separa, asustada. Aparece PEDRO desde el lado del río con una piedra en la mano.

SILVANA
¡Puta pendejo…!

6 **apartarse** irse/ponerse un poco más lejos – 6 **enjuagar** limpiar con agua o algún líquido adecuado – 9 **un manotón** un golpe dado con la mano – 10 **desvaído** sin fuerza, impreciso – 10 **remolón** faul – 18 **negarse** no querer hacer uc – 23 **plantarle** uc a up *loc coloq* versetzen – 28 **una puta** *vulg* prostituta *aquí:* verdammt!

PEDRO se acerca en silencio. Mira a GONZALO.

PEDRO
Hola.

GONZALO
(Separándose de SILVANA)
Hola Peter.

PEDRO
¿Qué estaban haciendo?

SILVANA agarra el segundo tarro y lo abre ante un perplejo GONZALO.

GONZALO
Oye, párala, tengo que llegar por lo menos con uno a la casa. ¡Ya pues…ya!

SILVANA
¿Peter querís?
(le pasa el tarro)

PEDRO
(recibiendo el tarro)
¡Ya poh!

SILVANA
Mira que si no, tu amigo se va a tomar todo.

GONZALO
(Deteniendo a Pedro)
¡No, no, no!

SILVANA
(Para a GONZALO)
¡Ya, no seai alaraco…pituco!

12 **párala** *coloq* hör auf! – 27 **ser alaraco** *Chi* demostrar/expresar de forma exagerada alguna emoción, sentimiento

PEDRO
(Bebe del tarro)
¡Sale hueón!

GONZALO ya se conforma. PEDRO bebe un largo trago.

SILVANA
(Para a GONZALO)
Peter, siéntate.

PEDRO le pasa el tarro a SILVANA. Ella bebe y besa a PEDRO. GONZALO observa sin entender. SILVANA se gira y besa a GONZALO. Los niños aceptan el juego. PEDRO saca leche condensada en su boca y besa a SILVANA. Se saborean. SILVANA echa leche en los labios de GONZALO y lo besa. Repiten la acción. SILVANA besa a PEDRO, y GONZALO bebe leche condensada, dejando en su boca y se acerca a la niña, besándola con más seguridad.

El agua corre por el río.

61. EXT – BARRIO ALTO (BICICLETA) – NOCHE

El sol se puso hace poco. GONZALO va en bicicleta a su casa. Tiene los labios algo marcados con leche. Va contento. Siente el viento en su rostro. Sonríe.

CORTE A:

62. INT. – CASA DE GONZALO (COCINA) – MAÑANA

ISABEL aspira un cigarrillo y bota el humo con placer. Sonríe mirando a GONZALO, sentado frente a ella bebiendo su leche con el mismo placer y concentración que ella fuma. GONZALO no le corresponde la sonrisa a su hermana. Algo sospecha. GONZALO trata de no darle importancia. Ella apaga el cigarrillo en un cenicero. Sale. GONZALO sigue bebiendo su leche.

3 **sale!** *coloq* hau ab! – 11 **saborearse** *coloq* auskosten – 18 **ponerse** *un astro* irse, no verse más – 20 **el rostro** cara – 26 **corresponder** erwidern – 27 **sospechar** desconfiar, tener desconfianza

CORTE A:

63. EXT – COLEGIO ST. PETER'S (PATIO)- DÍA

Alboroto de niños en recreo. GONZALO y PEDRO hacen fila para comprar en el kiosco. Algunos empujan para ganar un lugar. El kiosquero trata de atender a los niños lo más rápido posible.

GONZALO
Dame dos koyak.

El kioskero, en su rutina, saca dos koyak (dulce que se chupa y que tiene forma de la calva del famoso personaje televisivo) y los deja en el mesón. GONZALO le paga.

GONZALO
Gracias.

Antes de que los recoja, una mano quita uno de los koyak. Es uno de sus compañeros de curso que corre con el dulce y lo va pasando a otros niños en la fila.

GONZALO
¡Oye, oye! ¡Ya, poh pásenlo!

PEDRO se gira para recuperarlo y la golosina empieza a pasar de mano en mano hacia el final de la cola en medio de las burlas de los niños.

PEDRO
¡Ey, pasa la hueá… Si no es ná tuyo…!

PEDRO persigue su dulce a lo largo de la cola. Los compañeros siguen pasándolo de mano en mano, levantándolo para que PEDRO no lo alcance. GONZALO atrás de él, les pide que lo devuelvan.

3 **un alboroto** desorden, tumulto, inquietud – 3 **un recreo** pausa, intervalo entre diferentes clases – 5 **un kiosquero** persona que trabaja en un kiosco – 9 **la calva** Glatze – 13 **recoger** juntar diferentes objetos, guardar – 18 **recuperar** zurückgewinnen, wiedererlangen – 18 **una golosina** dulce – 20 **una burla** palabras que se usan para ridicularizar (lächerlich machen) a up – 22 **na** *coloq Chi* nada – 23 **perseguir** seguir a up – 25 **alcanzar** conseguir tocar

PEDRO
¡Ya poh, pasa la hueá…!

GONZALO
¡Ya poh, pasen la cuestión!

El koyak llega al final de la cola, a las manos de ROBLES.

ROBLES
¡Ven, Machuca, ven a buscarlo poh hueón! ¡Ven poh!

PEDRO lo mira detenidamente. GONZALO está a su lado.

GONZALO
Déjalo, Peter. Yo te compro otro.

Todos se ríen y empiezan a molestar a GONZALO y a PEDRO de que son novios.

ROBLES
Hazle caso a tu novia. Ellas siempre tienen la razón.

NIÑOS
(Al unísono, aplauden)
¡Son novios, son novios!

A PEDRO le da vergüenza. GONZALO se contiene. ROBLES desafiante, se pone el Koyak externamente sobre el pantalón a la altura de los genitales.

ROBLES
Peter, ¿Lo querís? Ven poh, ¡Chúpalo!

PEDRO
¡Qué tenís concha tu madre!

PEDRO se tira encima de ROBLES. Los niños lo rodean y avivan la pelea. GONZALO no sabe que hacer, mira a ambos lados. De pronto, se abalanza como loco encima de ROBLES.

2 **una hueá** *Chi coloq* huevada *CSur coloq* cosa, estupidez – 18 **contenerse** reprimir, no dejar en libertad – 19 **desafiante** provocante – 25 **avivar** anfachen, anstacheln – 27 **abalanzarse** sich stürzen

GONZALO
¡Suéltalo mierda!

La pelea se desordena completamente. Muchos se empiezan a involucrar y se abalanzan sobre el trío. Se golpean unos a otros. PEDRO y ROBLES permanecen abrazados, golpeándose. LISANDRO mira un poco más de atrás y camina decidido hacia el montón. Desde atrás, y con técnica, le da un golpe en la cabeza a ROBLES, lanzándolo al suelo. Cae al lado de PEDRO, y se soba la cabeza. LISANDRO se pierde en la multitud. Los compañeros abren paso y dejan tirado al centro a ROBLES. Un grupo de profesores se acerca al montón y se abren paso para llegar al golpeado.

64. INT – COLEGIO ST. PETER'S (OFICINA MC ENROE) – DÍA

Encima del escritorio del Padre Mc Enroe está el koyak. GONZALO se mira los puños y se sonríe.

PADRE MC ENROE
Me decepcionan... Todos ustedes me decepcionan.

Formados delante del PADRE MC ENROE, al interior de la oficina, vemos a niños de distintos cursos, nuevos y viejos alumnos, mezclados en desorden. Mc Enroe camina frente a ellos.

PADRE MC ENROE
¿Qué clase de arrogancia se les ha metido en el cuerpo?

Mc Enroe recorre con la mirada las caras exhaustas de los alumnos tras la pelea. Reconocemos a ROBLES, HAMILTON, RIQUELME, FERNÁNDEZ, PEDRO y GONZALO. Están despeinados y con la camisa afuera del pantalón. Desordenados producto de la pelea.

2 **una mierda** *vulg* excremento humano o animal – 4 **involucrar** incluir, comprender – 6 **decidido** actuar con decisión – 7 **un montón** Haufen – 9 **sobarse** masajearse, friccionarse – 9 **la multitud** Menschenmenge – 10 **dejar tirado** abandonar – 16 **un puño** Faust – 18 **decepcionar** enttäuschen – 19 **formado en una fila** una persona detrás de otra – 24 **arrogancia** soberbia, falta de modestia – 25 **recorrer** hacer un trayecto, camino – 25 **exhausto** agotado, muy cansado – 26 **una pelea** conflicto, discusión – 28 **despeinado** con el pelo desordenado

PADRE MC ENROE
(Mirándolos de arriba a abajo)
¡Mírense!

Todos ante el comentario se arreglan y se ordenan la ropa.

PADRE MC ENROE
(Avergonzado)
Por favor.
(Mira fijo a ROBLES)
Y Usted, ¿Prefiere portarse como una bestia?
(Pausa)
Prefiere ser usted, y sólo usted… ¿Y los demás? ¿No cuentan?

ROBLES baja la mirada. MC ENROE sigue su paseo por delante de cada uno.

PADRE MC ENROE
¿Es que el colegio no les ha enseñado nada?
(Se detiene frente a Pedro)
¿Y Usted? ¡Usted! ¿Cree que con los puños lo van a respetar más?… Dígame.. ¿Qué hará después de haber golpeado a su compañero, mmh?

PEDRO agacha la cabeza, avergonzado escucha al Padre.

PADRE MC ENROE
¿Le va a apretar el cuello, hasta quitarle el aliento? ¿Hasta verlo muerto?… ¿Y luego qué?
(Pone la voz grave)
¿Te lo vas a comer?

GONZALO ríe incrédulo del comentario del Padre, entendiendo que exagera. Mc Enroe se para frente a él.

PADRE MC ENROE
¿Y usted de qué se ríe?

GONZALO se pone serio.

4 **arreglarse** *aquí:* mejorar la apariencia, ordenarse – 9 **portarse** sich benehmen – 20 **agachar** senken – 22 **aliento** aire que sale de la boca

65. INT – RESTAURANT VILLAREAL (COMEDOR) – NOCHE

La familia Infante está en un tradicional restaurant-fuente de soda con mucha vida familiar. GONZALO come un sándwich. PATRICIO le sirve vino a MARÍA LUISA.

MARÍA LUISA
(Fumando)
Ahí no más.

PATRICIO
(A ISABEL)
Tu copita.

ISABEL levanta su copa para que PATRICIO le sirva vino.

MARÍA LUISA
(Suplicante)
No, a los niños no, PATRICIO.

PATRICIO
(Sirviéndole a ISABEL)
Por qué no, si tienen que acostumbrarse.
(Rellena la copa de GONZALO)
¿No ves que después se desbocan?

GONZALO e ISABEL ríen cómplices. MARÍA LUISA nerviosa y preocupada de la cantidad que le está sirviendo a GONZALO.

MARÍA LUISA
¡Ya ahí no más! ¡Ahí no más!

PATRICIO
(Se sirve a sí mismo)
Cuando yo era guagua, me mojaban el chupete en un buen vino, me quedaba tranquilito.

3 **una fuente de soda** *Chi* local, entre una cafetería y un restaurante – 11 **una copita** copa pequeña – 20 **desbocarse** perder el control – 27 **una guagua** *Chi* bebé

MARÍA LUISA
(Mientras le echa agua a la copa de GONZALO para diluirla)
¿En serio?

MARÍA LUISA va a echar ahora agua en la copa de ISABEL, que le pone la mano encima para que no lo haga. MARÍA LUISA ríe de lo que acaba de decir PATRICIO.

ISABEL
¿Oye, papá, y vas a viajar más seguido?

PATRICIO
(Partiendo su comida)
Un poco más, sí. Sobre todo a Roma. Como está la sede principal de la FAO.

GONZALO
¿Y qué idioma hablan allá?

ISABEL
Italiano, pues tonto.

MARÍA LUISA lo mira sonriente ante su ingenuidad y lo acaricia.

PATRICIO
¿Por qué?

ISABEL
Te apuesto que va a pedir el Llanero.

MARÍA LUISA
(Defendiéndolo)
¿Y qué tiene?

GONZALO
(Celoso)
Y tú un disco de Neil Diamond.

2 **diluir** desconcentrar un líquido – 12 **FAO** *Food and Agriculture Organization* Organización de las Naciones Unidas para la Agricultura y la Alimentación – 17 **ingenuidad** → ingenuo (naiv) – 22 **apostar** wetten

ISABEL
¡Ay si por favor papá, un disco de Neil Diamond! Mira, es en vivo… es de un recital…

MARÍA LUISA mira con chochera a su hija.

PATRICIO
Oye, voy a parecer un matutero…

ISABEL
(continúa emocionada)
¿Por favor papá! La carátula es azul y sale él parado…

MARÍA LUISA
(Interrumpiendo)
Oye, ya que estamos en eso, ¿Por qué no me traes un par de zapatos a mí?

PATRICIO
(Extrañado, feliz con la petición)
¿En serio?

MARÍA LUISA
En serio.

PATRICIO sonríe y mira cómplice a GONZALO, que le corresponde la mirada y la sonrisa ilusionada.

66. INT – AUTO PATRICIO (CABINA) – NOCHE

La familia Infante va dentro del auto. GONZALO e ISABEL van en el asiento de atrás. GONZALO va apoyado en el asiento del copiloto, donde va MARÍA LUISA. Ambos van tomados de una mano. MARÍA LUISA va distraída, un tanto triste. GONZALO la mira detenidamente. PATRICIO le hace un cariño en la cara a su esposa. Ella lo mira. Se sonríe tierna.

PATRICIO
Vámonos a vivir a Italia.

4 **chochera** *coloq* con cariño – 6 **un matutero** contrabandista (Schmuggler) – 9 **una carátula** cubierta y/o estuche de un libro, CD, DVD, etc. – 25 **distraido** ≠ concentrado

MARÍA LUISA
(Ríe)
¿Qué?

PATRICIO
Eso. Vámonos a vivir a Roma. Podría pedir el traslado fácilmente. Lo entenderían, como está la situación acá.

Los niños en principio se ilusionan. ISABEL nota a su madre que, a pesar de que sonríe, no se convence.

PATRICIO
No quiero decir que esté tan mala pero… allá estaríamos mucho mejor, yo ganaría en dólares *(Mira a MARÍA LUISA, tratando de convencerla)*
Para Chile lo mejor es el socialismo, pero para nosotros no.

MARÍA LUISA se ríe.

PATRICIO
Bueno, no todavía. ¡En serio, estoy hablando en serio! ¡Vámonos!

GONZALO
(Ilusionado)
Si mamá, vámonos. Lo pasaríamos bien allá.

ISABEL
(A Gonzalo)
Ni siquiera sabes el idioma que se habla en Italia.

PATRICIO
(Mira a Isabel por el retrovisor)
Bueno, ¿Y qué importa?
(Mira a su esposa)
¿Qué me dices?

GONZALO
(Insiste)
¡Mamá, vámonos!

5 **traslado** → trasladar (cambiar de lugar, mudarse) – 8 **convencerse** querer creer en uc y buscar razones, motivos para conseguirlo

MARÍA LUISA sonríe levemente, algo nerviosa. Piensa. Largo silencio.

67. INT – DEPARTAMENTO OCHAGAVÍA (LIVING/ BALCÓN) – NOCHE

Se escuchan ladridos de perros.
GONZALO duerme al lado de una mesa donde hay un cuaderno con una tarea y lápices.
Los ladridos siguen. GONZALO se despierta y se para. Camina y sale hacia un balcón. Se enfrenta a una extraño panorama.
Un grupo de personas persiguen perros en el parque. Capturan a uno, lo meten con mucha dificultad a una bolsa. Alcanzamos a ver a un gato muerto dentro de ella.
La escena es entre patética y chistosa, mientras tratan de acorralar a un pequeño quiltro.

CORTE A:

68. INT – DEPARTAMENTO OCHAGAVÍA (PASILLO) – NOCHE

GONZALO está frente a la pieza de OCHAGAVÍA golpeando desesperado la puerta.

GONZALO
¡Mamá, mamá, mamá!

La puerta se abre y aparece OCHAGAVÍA, vestido con pantalones a medio abrochar y una camisa abierta. Está claramente disgustado. Junta la puerta.

OCHAGAVÍA
(Aguantando el enojo)
¿Qué? ¿Qué pasa? ¿Qué quieres?

5 **un ladrido** forma de hablar de los perros – 7 **un cuaderno** grupo de papeles para escribir – 13 **patético** acción que provoca sentimientos de tristeza, dolor, melancolía – 13 **chistoso** divertido, gracioso – 14 **acorralar** einkreisen, umzingeln – 14 **un quiltro** perro que no es de raza – 24 **disgustado** molesto, enojado – 24 **juntar la puerta** die Tür anlehnen

GONZALO
(Hablando muy rápido)
Hay gente afuera... están cazando perros... los acorralan... les cortan el cuello... los meten en bolsas.

OCHAGAVÍA
¡Cálmate, cálmate! No pasa nada. No hay ningún peligro.. ¿eh?... Con tranquilidad.

OCHAGAVÍA le pone la mano al niño en el hombro. Le quita importancia al asunto.

OCHAGAVÍA
Anda a ver televisión... Anda. Tu mamá en seguida viene. ¿Sí?

GONZALO lo mira incrédulo, decepcionado. OCHAGAVÍA vuelve a la pieza. Antes de que cierre la puerta, GONZALO alcanza a ver a su madre desnuda tendida sobre la cama. La puerta se cierra.

69. EXT – COLEGIO ST. PETER'S (CALLE LATERAL) – DÍA

Los niños corren por el costado interior del colegio. Van hacia la reja y pasan entre los barrotes. En la calle miran a todos lados y corren rápidamente arrancando.

70. EXT – CALLE DE SANTIAGO (MURALLA) – DÍA

Frente a la muralla que antes tenía escrito "No a la guerra civil", y ahora tiene borrado el "no", GONZALO, PEDRO y SILVANA toman una micro.

71. INT – MICROBÚS (ASIENTOS) – DÍA

SILVANA y PEDRO van sentados en el mismo asiento. Delante de ellos, va GONZALO, sólo y volteado hacia ellos.

14 **desnudo** sin ropa – 14 **tendido** extendido en una superficie – 18 **una reja** conjunto de barrotes (Stangen) de madera y/o metal que sirve para marcar una superficie – 23 **un(a) micro** *Chi f Arg m* autobús

SILVANA
Oye Gonzalo. ¿Estás seguro que tienes para pagar el cine? Mira que yo no suelto ni uno.

GONZALO
Claro que tengo.

PEDRO
¡Oye, que soi desconfiada, oh!

SILVANA
Yo cuando tenga plata, no me la voy a andar gastando en tonteras. Voy a comprarme una tienda. Estoy aburrida de andar vendiendo por la calle.

PEDRO
Yo, en cambio, cuando sea grande quiero ser cura. Como el Padre Mc Enroe.

SILVANA
¿Cura? ¿Y pa' qué querís ser cura?

PEDRO
Puta, para ayudar a la gente. Sobre todo a los más pobres.

SILVANA
(Burlesca)
O sea que querís ayudarte a tí, hueón. Gana plata mejor.
¿Y tú Gonzalo, que querís ser cuando grande?

GONZALO
No sé… Quizás también cura. Como que es entretenido.

PEDRO
Ah, ¿viste? Somos dos.

SILVANA
¡Están más tontos! Si ustedes no van ni a misa.

3 **no soltar ni uno** *coloq* no tener nada de dinero – 7 **soi** sos (eres) – 24 **como que es entretenido** *coloq* creo, tengo la impresión de que es entretenido – 28 **una misa** ceremonia religiosa de la iglesia católica

PEDRO
¿Y qué? Si eso no tiene nada que ver.

SILVANA
A que no. ¿Sabís con quién se casa un cura?

GONZALO
Los curas no se casan.

SILVANA
Sí se casan… con Dios. Y ahí nada de atracar… Y con lo caliente que son ustedes.

PEDRO
¡Y voh! ¡Soi más caliente que nosotros dos juntos!

SILVANA
¡Sale!

PEDRO y GONZALO ríen. SILVANA mira hacia fuera sonriendo. Una pausa y luego cruza su mirada con GONZALO.

72. INT – CINE (BUTACAS) – DÍA

En un cine semi-vacío, los niños ven una película de amor. PEDRO tiene cara de aburrido. SILVANA, muy concentrada, está apoyada en el hombro de GONZALO, quien la tiene abrazada con un brazo. No puede creerlo. PEDRO los mira e interviene.

PEDRO
Puta, la película fome.

GONZALO
¡Shhh!

PEDRO

8 **atracar** *Arg Chi* acercarse a una persona con la intención de tener sexo – 19 **un hombro** parte superior del cuerpo, entre el cuello y los brazos – 21 **intervenir** *aquí:* interrumpir – 23 **fome** *Chi* aburrido, poco interesante

(Imitándolo, molesto)
¡Shhh!

Siguen viendo la película.

73. EXT – CASA DE PEDRO (FRONTIS) – TARDE

De una pequeña radio apoyada en una reja de madera se escucha el tema "Chico de mi barrio". SILVANA baila como lo hacían los jóvenes de "Música Libre" (famoso programa de TV chileno de los años 70, donde adolescentes bailan y hacen playbacks de hits del momento). Se mueve muy bien. GONZALO, atónito, la contempla. PEDRO con el empaste del Llanero en las manos.

PEDRO
Gonzalo mira, Gonzalo
(Mira a su amigo, nota que está embobado con la niña)
¡Ya poh hueón, mira!
(Le agarra un brazo)
¡Cacha aquí hueón, mira!

GONZALO mira el libro. SILVANA para de bailar.

SILVANA
Ya córtenla con leer esa tontera. Si es más falsa esa serie.

PEDRO
Tú soi falsa, no sabís ni bailar.

SILVANA
¿Cuándo hai visto que un blanco sea amigo de un indio?

PEDRO
Si hay poh.
(Mirando el libro)
Si puede… puede haber sucedido.

11 **atónito** espantado, muy sorprendido – 11 **contemplar** observar con atención – 15 **embobado** admirado, fascinado – 21 **cortarla** *coloq* terminar, dejar de hacer algo que molesta a otra persona

Llega ISMAEL, el padre de PEDRO. Quien pasa sin advertir a los niños. Los niños se miran. PEDRO se pone de pie. ISMAEL entra a la casa.

JUANA (V.O.)
¿En qué andas ahora, hombre?

ISMAEL (V.O.)
¡Estoy buscando la plata!

JUANA (V.O.)
Si no hay plata…

Se escuchan gritos y ruido de cosas que se caen. GONZALO está inquieto.

ISMAEL (V.O.)
¡Cómo que no hay!

JUANA (V.O.)
(Tranquila, pero seca)
¡No hay, te dicen!…

Al parecer, ISMAEL encontró algo. Dice cosas inentendibles. Los niños, mirando hacia la casa, se empiezan a acercar entre ellos.

JUANA (V.O.)
Deja ahí, ¡Deja ahí, mierda! ¡Pasa pa' acá!

El griterío despierta al bebé, que se pone a llorar. Se escuchan más golpes. La pareja sale de la casa trenzada a golpes. JUANA es la que pega. ISMAEL trae un tarro en las manos.

JUANA
(trata de quitarle el tarro)
¡Pásalo, te dicen! ¡Pásalo! ¡Suéltalo eso, suelta mierda, te están diciendo! ¡Pasa pa' acá!
¡Pásalo!

1 **advertir** llamar la atención – 11 **inquieto** ≠ tranquilo – 17 **inentendible** que no se entiende – 23 **trenzado** → trenza; conjunto formado por tres partes, de diferentes materiales que se entretejen, cruzándolos alternativamente – 24 **traer** *aquí:* llevar – 28 **pa' acá** *Chi coloq* = para acá

(le quita el tarro)
Más la vergüenza que me hacís pasar y más encima llegai echando la choreá!

JUANA entra. ISMAEL viene con un puñado de billetes en la mano que logró sacar del tarro. Está borracho. Pasa frente a los niños y repara en GONZALO.

ISMAEL
¿Y él quién es?

PEDRO
(Con los ojos vidriosos)
Un amigo.

ISMAEL
(Ríe burlesco)
¿Un amigo? Los amiguitos que tenías.
(mira a Gonzalo con veneno, se para frente a él)
¿Sabís dónde va a estar tu amigo en cinco años más?… Entrando a la universidad…

PEDRO
(Sin mirarlo, nervioso)
Váyase papá.

ISMAEL
(A Pedro)
Y tú… vai a estar limpiando baños.

PEDRO
(Avergonzado)
¿Por qué no se va?

ISMAEL
En diez años más, tu amigo va estar trabajando en la empresa del papito y tú vai a seguir limpiando baños. Y en quince años

2 **hacís** *coloq Chi* = haces – 3 **echando la choreá** *coloq Chi aquí:* desafiar, amenazar (drohen) con violencia – 4 **un puñado** pequeña cantidad de cualquier cosa que cabe en un puño – 5 **lograr** erreichen, schaffen – 5 **estar borracho** que ha bebido mucho alcohol – 10 **vidrioso** gläsern – 15 **veneno** producto que hace mal para la salud, si es bebido puede causar la muerte – 16 **sabís** *coloq Chi* = sabes

más tu amigo va a ser dueño de la empresa del papito, y tú adivina… vai a seguir limpiando baños. *(Riendo)* Tu amigo…

PEDRO
(A punto de llorar)
¿Por qué no se va?

GONZALO mira a PEDRO.

ISMAEL
Para ese tiempo ni siquiera se va acordar de tu nombre… *(burlesco)* Tu amigo.

PEDRO
(A punto de llorar)
¿Por qué no se va mejor?

ISMAEL pasa por delante de PEDRO y avanza. Se topa con SILVANA, que se pone delante de él valientemente.

SILVANA
Si sigue así usted, el próximo año va a estar más curao y para dos más va a estar muerto… de curao.

ISMAEL la agarra del pecho. PEDRO se para enfrente.
JUANA desde la puerta con el bebé en brazos.

JUANA
No se te ocurra tocarle un pelo.

PEDRO
(Desesperado)
Suéltela, suéltela.

ISMAEL la mira desafiante. La suelta. Da un manotazo a PEDRO para que no lo toque.

PEDRO
¡Váyase!

1 **dueño** Besitzer – 2 **adivinar** raten – 16 **curao** = curado *aquí:* borracho – 16 **y para dos más** en dos años más – 21 **no se te ocurra** + INF Komm bloß nicht auf die Idee …! – 25 **un manotazo** golpe dado con la mano

GONZALO está petrificado de miedo. ISMAEL avanza. PEDRO se pone delante de SILVANA para defenderla.

PEDRO
Vaya a tomar, mejor. ¡Váyase!

ISMAEL lo evade y se va. JUANA lo mira con rabia. SILVANA apaga la radio. JUANA se acerca a los niños.

JUANA
Ya, mejor que su amigo se vaya para su casa.
(A Gonzalo)
Ya m'ijito, váyase. Váyase.

GONZALO va en busca de sus cosas. PEDRO recoge el libro del suelo.

JUANA
Y usted vaya a buscar a su papi.

PEDRO
Ay, mamá.

JUANA
(Pegándole en la cabeza)
Ya pues m'ijito… haga lo que le digo, no sea malito.

PEDRO
Si no quiero ir.

PEDRO avanza a regañadientes. GONZALO se termina de poner la chaqueta y toma su bolsón. Sale en silencio. SILVANA lo intercepta.

SILVANA
Los niños y los curaos no mienten, ¿O no?

GONZALO
A veces sí mienten.

1 **petrificado** como de piedra – 4 **tomar** *aquí:* beber alcohol – 5 **evadir** escapar, huir – 14 **papi** papá – 21 **si no quiero ir** pero si no quiero ir – 22 **a regañadientes** con disgusto, rabia – 24 **interceptar** interrumpir, frenar – 26 **mentir** no decir la verdad

SILVANA lo ve alejarse.

74. INT – COLEGIO ST. PETER'S (CAPILLA) – DÍA

La capilla del colegio está llena de padres e hijos. El PADRE MC ENROE se acerca a las familias. Está acompañado de dos sacerdotes que le ayudan a celebrar la eucaristía.

TODOS
Te alabamos Señor.

Todos toman asiento.

PADRE MC ENROE
Queridos apoderados, he preferido dejar tiempo a reflexión de Evangelio, para conversar sobre el proceso que vive nuestro colegio.

Murmullo general entre la gente. Vemos a GONZALO con sus padres. MARÍA LUISA mira la hora en su reloj. ROBLES está con sus padres.

MADRE DE ROBLES
Padre, yo quiero decir algo. No se puede seguir soportando la cantidad de violencia a la que está sometido nuestro colegio ahora…

Uno de los compañeros de GONZALO hace una mueca para hacer reír a PEDRO, quien lo ve y ríe. GONZALO también es parte del chiste y ríe.

MADRE DE ROBLES (CONT'D)
Mi hijo pelea todos los días, nuestros hijos están constantemente siendo agredidos por estos otros nuevos.

Los murmullos crecen. Las familias integradas se han ubicado en las últimas filas. PATRICIO levanta la mano.

1 **alejarse** irse – 5 **la eucaristía** misa – 7 **alabar** elogiar, decir cosas positivas – 10 **apoderado** Bevollmächtigter – 13 **un murmullo** Gemurmel, Geflüster – 18 **la violencia** Gewalt – 20 **una mueca** Grimasse – 25 **ser agredido** ser tratado con violencia física y/o verbal

PATRICIO
(En desacuerdo)
¡No, no a ver por favor! ¡Por favor, Padre!

MARÍA LUISA
(Apoyando a la madre de ROBLES)
¡Sí, es cierto!

PATRICIO
(A todos)
De alguna forma todos somos responsables de esa violencia.

MARÍA LUISA
(Desaprueba lo que dice su marido)
¡Por qué, por favor!

MARÍA LUISA mira a PATRICIO enojada. GONZALO se impresiona con las palabras de su padre. APODERADO 1 se pone de pie para callar los murmullos que han crecido nuevamente.

APODERADO 1
Silencio, por favor.

PATRICIO (V.O.)
(A MARÍA LUISA, molesto)
¿Por qué me interrumpes cuando hablo?

APODERADO 1
En mi opinión, acá hay un solo culpable, y ese es usted, Padre.

El PADRE MC ENROE, impresionado, mira al APODERADO 1. Mientras los presentes opinan en voz alta, el APODERADO 1 sigue su reproche.

APODERADO 1
¡Si señores! Está concientizando a nuestros hijos y los está mezclando con gente que no tienen por qué conocer. Usted Padre, está manipulándolos y no se lo vamos a permitir.
(Se sienta)

11 **desaprobar** missbilligen – 14 **un apoderado** *aquí:* representante de un alumno ante la dirección de una escuela/colegio – 15 **un murmullo** → murmurar (hablar en voz baja) – 26 **un reproche** Vorwurf – 28 **concientizar** *aquí:* lavar el cerebro

PADRE MC ENROE
(Se sienta)
Todos los apoderados fueron avisados con tiempo de las medidas que pondría en práctica el colegio. Al que no le gusta el colegio, se va del colegio.

Se escucha un fuerte murmullo.

MADRE 2
Váyase usted, mejor. ¡Cura comunista! ¡Fuera!

El ambiente está cada vez más tenso. GONZALO mira a PEDRO con un gesto de que está difícil la situación. PEDRO corresponde el gesto con una tímida sonrisa. El Padre de HAMILTON, sentado atrás de PATRICIO, se pone de pie.

PADRE DE HAMILTON
(Callando a la audiencia)
Momentito, momentito… ¡El Padre representa lo que sentimos un grupo importante de apoderados de este colegio!

Los apoderados de los niños integrados, y unos pocos apoderados de los alumnos antiguos, aplauden y apoyan lo mencionado.

PADRE 2 (V.O.)
¡Pero no la mayoría!

MADRE 3 (V.O.)
Son la minoría, eso no es importante. ¡¡Por favor!!

PATRICIO (V.O.)
(Apoyando al PADRE DE HAMILTON)
¡Eso es muy importante también!

Se produce un silencio para seguir escuchando al PADRE DE HAMILTON.

PADRE DE HAMILTON
¡Es importante! Que queremos una educación igualitaria y profundamente democrática para nuestros niños.

9 **tenso** nervioso – 12 **ponerse de pie** *loc* levantarse – 18 **apoyar** unterstützen

El PADRE DE HAMILTON se sienta y de inmediato comienzan los eufóricos aplausos de apoyo que brindan las familias de los niños integrados. JUANA y PEDRO aplauden entusiasmados.

PADRE 3 (V.O.)
¡Aplaudan no más, pero con esta locura Padre, usted va a hacer quebrar el colegio!

PADRE MC ENROE
Ya vamos a tener utilidades con la granja que manejan los alumnos, entonces compensaremos pequeño déficit con que estamos operando.

PADRE 2
(Sentado)
Mire Padre, como usted bien sabe yo he donado treinta chanchos para su granja, chanchos que he traído de mi campo, campo que me quieren robar los comunistas, y me he enterado de que los chanchos se están muriendo por falta de vacunación.

PADRE MC ENROE
(Justificándose)
Pero esas cosas suceden… Son parte del proceso que sus propios hijos están viviendo.

PAPÁ DE ROBLES
(Se pone de pie)
¡Padre, perdón! Mira…
(Gentil y educado)
Perdón que le de la espalda…
(Se voltea a la gente)
…Mira, yo pienso, ¿no? Que, no es bueno ¿no? Esta especie de paternalismo, porque digamos las cosas como son…

Mientras el padre de ROBLES discursea, la cámara nos muestra a MARÍA LUISA, GONZALO, PATRICIO, en el que notamos

2 **brindar** dar – 8 **las utilidades** *pl* las ganancias – 8 **una granja** pedazo de tierra donde se cultivan diferentes plantas y donde también se pueden criar animales – 9 **compensar** tratar de igualar algo, una situación – 10 **operar** *aquí:* trabajar – 13 **donar** spenden – 14 **un chancho** *Am* cerdo – 16 **enterarse de uc** erfahren – 17 **la vacunación** acción de poner una vacuna; medicina que normalmente se inyecta para proteger contra alguna enfermedad – 25 **gentil** höflich – 27 **voltearse** darse vuelta – 29 **paternalismo** comportarse como padre, proteccionismo

su desacuerdo, una madre de un integrado, JUANA y PEDRO escuchando atentos.

PAPÁ DE ROBLES (CONT'D)
… de paternalismo, porque la gente, me explico, no quiere…

Volvemos al PAPÁ DE ROBLES.

PAPÁ DE ROBLES (CONT'D)
(tartamudea)
…no, no… no quiere recibir cosas… me imagino la gente, me explico… ¿no?… de regalo, sin haber hecho ningún esfuerzo, nada, por merecerlo…

Se inician los murmullos. El papá de HAMILTON trata de interrumpirlo.

PAPÁ DE HAMILTON
No sólo no te explicas…

PAPÁ DE ROBLES (V.O.)
…sin hacer ningún esfuerzo!…

PATRICIO
(Al Padre de ROBLES)
¡Son gente de trabajo, de qué estás hablando!

PAPA DE HAMILTON
(Al Padre de ROBLES)
No, perdóname… ¡Oye! No sólo no te explicas, sino que paternalismo es lo que tú haces de tratar de hablar por las otras personas como si no pudieran hablar por sí mismas.

PAPÁ DE ROBLES (V.O.)
(molesto mira al padre de Hamilton)
Yo no hablo por los demás, hablo por el sentimiento de la gran mayoría.

PAPÁ DE HAMILTON
(Sorprendido)
¡Qué mayoría! ¡Por favor!

7 **tartamudear** stottern – 10 **merecer** verdienen – 16 **hacer un esfuerzo** sich anstrengen

PATRICIO está enojado. GONZALO mira a sus padres y hacia los otros con la boca abierta. Los murmullos crecen. MARÍA LUISA pide la palabra.

MARÍA LUISA
Padre, yo quiero hacer una pregunta. ¡Quiero hacer una pregunta!…

Las personas se callan para escuchar. PATRICIO mira curioso a MARÍA LUISA.

MARÍA LUISA
¿Cuál es la idea de mezclar las peras con las manzanas? Porque… yo quisiera saber por qué se empeñan tanto…

PATRICIO se avergüenza de lo que está diciendo su esposa. Trata de hacerla callar.

MARÍA LUISA (CONT'D)
(A Patricio)
¡Pero déjame terminar!…

PATRICIO
(En voz baja)
¡Pero es que… no digas leseras pues!

MARÍA LUISA
(Prosigue, mira al Padre Mc Enroe)
¿Cuál es la idea de mezclar las peras con las manzanas? No digo que seamos mejores o peores pero… ¡Pucha, que somos distintos, poh Padre!…

Muchos padres asienten en acuerdo con MARÍA LUISA. El murmullo de la gente crece.

PATRICIO
(Explicándole a su esposa y al resto)
¡Bueno, eso es lo interesante justamente! Esa integración es lo interesante… ¡En eso está empeñado el colegio pues!

11 **empeñarse en uc** hacer todo lo posible – 19 **decir leseras** *loc Chi* hablar tonterías, cosas irrelevantes – 23 **pucha** *coloq Chi* forma usada para expresar sorpresa, malestar – 29 **justamente** exactamente – 30 **estar empeñado** estar concentrado

MARÍA LUISA
(A Patricio)
¡Pero déjenme hablar!… ¡No me dejan hablar!

Todos hablan y comentan, la cámara panea hacia JUANA. Comienza a hablar entremedio del ruido, no se escucha nada.

JUANA
(Gritando)
Cuando yo era niña…
(Se pone de pie)
Cuando yo era niña…

Poco a poco se van callando. JUANA espera para continuar que el silencio sea total. GONZALO se gira para escucharla. PEDRO escucha concentradamente a su madre.

JUANA
… Cuando yo era niña, vivía en un fundo allá cerca de San Nicolás. Mi padre era uno de los inquilinos que cuidaba el ganado. Cuando le pasaba algo a algún animal, lo descontaban de los víveres que nos daban a fin de mes.

La cámara nos muestra los rostros de las madres de otros niños integrados, mirando atentas a JUANA. El PADRE MC ENROE, inmóvil desde el altar, escucha. Dolly in a JUANA.

JUANA (CONT´D)
No importaba la razón de la pérdida. El culpable siempre era mi padre. Yo me vine así a Santiago a los quince, porque no quería que mis hijos fueran los culpables de todo, siempre. Pero parece que aquí en la ciudad es igual. Los culpables siempre somos los mismos. Así es como tiene que ser.

La cámara nos muestra a MARÍA LUISA, GONZALO, PATRICIO.

11 **panear** *rar*; sonst *cin* girar, dirigirse a – 15 **un fundo** *Chi, Pe* tierra para agricultura (más pequeña que la hacienda) – 16 **un inquilino** *Chi* persona, que por vivir en una finca, reciben un pedazo de tierra, además tiene que trabajar para el propietario en la finca – 17 **el ganado** animales como vacas, ovejas, etc. – 17 **descontar** abziehen – 21 **inmóvil** regungslos – 21 **dolly in** *cin* un movimiento da la cámara hacia enfrente. Sirve para resaltar (hervorheben) la importancia de un objeto o persona

JUANA (CONT´D)
Y a ustedes nadie los van a culpar por seguir con la misma historia…

PEDRO mira sorprendido a su madre, y casi sin pestañear dirige su vista a GONZALO, como tratando de encontrar una respuesta. GONZALO lo mira fijo.

JUANA (CONT´D)
Yo me pregunto, no más, ¿cuándo se van a hacer las cosas de otra manera…? ¿Cuándo se van a atrever a hacer algo distinto…? Eso pensaba yo.

Todos escucharon en silencio. Los niños se miran sin entender mucho. La mamá de ROBLES quiebra la tranquilidad.

MADRE DE ROBLES
¡Resentida! ¡Qué te has imaginado, agarra a tu gente y te mandas a cambiar!
(Al Padre Mc Enroe)
¡Que se vayan estos marxistas del colegio de una vez!

Enseguida la reunión se desordena. No se entiende nada más. Cada cual apunta al otro y lo insulta. MC ENROE desde el altar y permanece impertérrito. Todos de pie, discuten.

75. EXT – CALLE CENTRO SANTIAGO – DÍA

En la calle, un señor de edad, peinado y vestido de terno, discute con un joven de pelo largo. El señor da golpes hacia el joven, pero sólo llegan al aire. El muchacho lo esquiva y lo incentiva que se le acerque. Una señora, esposa del tipo de terno, le salta a carterazos al joven y lo insulta.

SEÑORA
¡Roto, ordinario, peliento! ¡Déjalo!

4 **pestañear** mover las pestañas (Wimpern) – 10 **atreverse** sich trauen – 13 **quebrar** romper – 15 **un resentido** persona que se siente tratada por la vida o por otras personas de forma injusta – 15 **mandarse a cambiar** *loc coloq AmS* irse – 21 **impertérrito** unerschütterlich – 23 **un terno** prenda de vestir, generalmente masculina, compuesta por un conjunto de pantalón, chaleco y chaqueta – 25 **esquivar** (golpe) ausweichen – 26 **incentivar** invitar, animar a up a hacer uc – 26 **un tipo** un hombre – 27 **un carterazo** violencia ejercida con el bolso de una mujer

76. EXT – CALLE CENTRO SANTIAGO 2 (LOCALES) – DÍA

Por la vereda, corren señoras bien vestidas. Una madre y un niño de escolar. Arrancan en una misma dirección. Se escucha una sirena. Un negocio, baja las persianas para cerrar.

77. EXT – CALLE PROTESTA DERECHA 2 (CALLE) – DÍA

Una protesta. La mayoría de las personas, hombres, mujeres y jóvenes de clase económica alta, que alegan contra el gobierno de Allende. La marcha es resguardada por hombres que llevan el brazalete del grupo de ultra derecha "Patria y Libertad". Uno de estos hombres grita fuerte y la marcha contesta eufórica.

HOMBRE PATRIA Y LIBERTAD
¡¡Nacionalismo!!

GENTIO
¡Presente!

HOMBRE PATRIA Y LIBERTAD
¡¡Nacionalistas!!

GENTIO
¡Al frente! ¡Frente nacionalista Patria y Libertad!

Repiten el grito una y otra vez. GONZALO vende banderas en medio de la marcha.

GONZALO
¡Banderas de la DC! ¡Banderas del Partido Nacional! ¡Banderas chilenas! ¡Banderas de la DC!

PABLO, va marchando en el grupo de "Patria y Libertad", grita *y hace maniobras con su linchaco. Atrás de este grupo, vienen*

2 **una vereda** *Am* camino angosto situado a lo largo de la calle y que sirve para que las personas caminen – 3 **vestido de escolar** persona usando el uniforme de la escuela/del colegio – 4 **una sirena** ruido alto que se usa en ambulancias, en coches de policía, etc. para llamar la atención – 4 **una persiana** Jalousie, Rollladen – 7 **alegar** reclamar, expresar desconformidad – 8 **resguardado** protegido, asegurado – 9 **un brazalete** *aquí:* pedazo de tela que se usa en la parte superior del brazo que sirve de distintivo – 23 **DC** = Democracia Cristiana; partido político

mujeres, golpeando cacerolas y ollas vacías. GONZALO y PEDRO notan la presencia de PABLO en la protesta. GONZALO espera que avance y sigue en su trabajo.

GONZALO
¡Banderas! ¡Banderas!

De pronto se da cuenta que tiene a la vista una bandera del PC, se inmoviliza y con mucho cuidado la bota al suelo y camina un poco para vender más adelante. A los costados y atrás, autos siguen la manifestación con gente asomada por las ventanas de los vehículos. En un auto, viene un grupo de mujeres muy elegantes.

MUJER 1
(Grita por la ventana de atrás)
¡Comunistas, desgraciados, cafiches del Estado! ¡Comunistas, desgraciados, cafiches del Estado!

MUJER 2
(Conduciendo, toca la bocina)
¡Comunistas, desgraciados, cafiches del Estado! ¡Comunistas, desgraciados, cafiches del Estado!

La mamá de GONZALO va en el asiento del copiloto pintándose frente a un espejo de mano.

MUJER 1
(Se asoma por la ventana del piloto y mira a MARÍA LUISA)
Oye María Luisa, ¿Para qué viniste si no vas a gritar?

MUJER 2
Si pues María Luisa, ¡Pónte a cacerolear pues!

MARÍA LUISA
(Termina de pintarse)
Ya, si a eso vine.

1 **una cacerola** olla, recipiente de metal que se usa para cocinar – 14 **un cafiche** *CSur despect* persona que se beneficia con la prostitución de otra – 17 **la bocina** Hupe – 17 **tocar la bocina** hupen – 18 **desgraciado** Schwächling, Nichtsnutz, Schuft – 20 **copiloto** Beifahrer – 23 **asomarse** sacar la cabeza para mirar – 26 **cacerolear** protestar golpeando una cacerola

MUJER 2
¡Si poh!

MARÍA LUISA guarda sus maquillajes. Se sienta en el borde de la ventana y recibe de MUJER 2 un sartén con un cucharón sopero.

MUJER 2
Toma.

MARÍA LUISA se acomoda y comienza a golpear la olla. Pese a que no hay mayor violencia, se siente que el aire está muy denso.

MARÍA LUISA, MUJER 1, 2, 3.
(Gritando junto a la marcha)
¡Comunistas, desgraciados, cafiches del Estado! ¡Comunistas, desgraciados, cafiches del Estado!

A la distancia GONZALO divisa a su madre. SILVANA está lejos del grupo, cerca de donde pasan los autos. La niña está encendiendo un cigarrillo a PABLO. Una vez prendido, PABLO se va sin pagar. SILVANA lo sigue.

SILVANA
¡Hey, tenís que pagar! ¡Oye hueón, págame poh!

PABLO
(Sin detenerse)
Cállate, mierda.

SILVANA
(Furiosa)
¡Págame, concha de tu madre, pituco culiao!

PABLO camina rápido, sin hacerle caso a SILVANA, saca el linchaco y mientras camina hace su demostración de fuerza. SILVANA se detiene y comienza a caminar al lado del joven.

4 **un chucharón** cuchara grande que se usa para servir sopa – 8 **pese a que + IND** obwohl – 10 **denso** concentrado, pesado – 13 **desgraciado** perverso, maldito

SILVANA
(Cuidándose del linchaco)
¿Qué te creí? ¡Cobarde hueón! ¡Cobarde!

PABLO se da vuelta y sigue su camino. Delante de él va el auto de MARÍA LUISA.

SILVANA
¡Culiao de mierda! ¡Culiao, culiao!

PABLO alcanza al auto de MARÍA LUISA. SILVANA lo sigue por el otro lado del auto. Camina muy rápido. PABLO saluda a MARÍA LUISA. MUJER 1, para de protestar para escuchar la conversación con el joven.

MARÍA LUISA
Pablito, ¿Cómo estás?

PABLO
¿Oiga, y usted que hace acá? No la vaya a ver don Patricio.

MARÍA LUISA
¡Ay, que diga lo que quiera, si yo soy casada, no tarada!

GONZALO ve a su madre conversando con PABLO. Los sigue muy precavido para que no lo descubran. SILVANA lo sigue con la mirada. Camina al lado del auto.

MARÍA LUISA
¿Supongo que no andas con mi hija, no es cierto?

PABLO
¡No, cómo se le ocurre! Bueno, nos vemos. ¡Chao!

MARÍA LUISA
Nos vemos. Chao.

SILVANA no aguanta más de rabia y le tira un gran escupo a PABLO. Como todos van en movimiento el escupitajo falla su

3 **un cobarde** persona que no tiene valor, valentía – 17 **tarado** tonto, estúpido – 19 **precavido** con cuidado – 27 **un escupo** *aquí:* cierta cantidad del líquido que se encuentra en la boca y que se arroja normalmente al suelo – 28 **escupitajo** Auswurf

destino, cayendo en el parabrisas del auto. La MUJER 2 detiene el auto de un golpe.

MUJER 1
¿Oye pero por qué paró, qué pasa?

MUJER 2
¿¡Qué te has imaginado, cabra chica de mierda!?

MARÍA LUISA
(Extrañada)
¿Qué pasó?

MUJER 2
Oye, me escupió el auto.

SILVANA camina furiosa siguiendo a PABLO. MUJER 2 se baja del auto.

MUJER 2
¡Oye voh, huevona, ven pa' cá!

MARÍA LUISA
(Sin entender)
¿Pero qué pasó?

MUJER 1
(Mostrándole a la amiga, que está discutiendo con Silvana)
¡No sé… mírala!

La MUJER 2 alcanza a SILVANA. MUJER 1 viene más atrás acercándose. MARÍA LUISA, al ver la discusión, se baja del auto junto a la tercera amiga. MUJER 2 agarra de un brazo a SILVANA.

MUJER 2
¡Oye voh, huevona, anda a limpiarme el auto!

SILVANA
¿Qué te pasa vieja? ¡Suéltame! *(Se suelta del brazo)*
¡Suéltame vieja!

1 **parabrisas** vidrio de la parte delantera del auto – 2 **de un golpe** de repente

MUJER 1
(Acercándose a su amiga)
¿Qué te hizo? ¿Qué te hizo?

MUJER 2
¡No hueona, me vai a ir a limpiar el auto! ¡Me vai a ir a limpiar el auto, hueona de mierda! ¿Qué te hai imaginado?

GONZALO pasa entre la multitud, escondiéndose. Las mujeres 1 y 2 acorralan a la niña.

SILVANA
¡Momias culias!

MUJER 2 le pega un carterazo a SILVANA. Las otras dos amigas le gritan y le tiran suaves manotazos. Llega MARÍA LUISA y las separa defendiendo a SILVANA.

MUJER 1
¿A quién le vení a decir vieja…!

MARÍA LUISA
No, no, no. ¡Ya déjenla! ¡Si es una mocosita no más!
(A MUJER 1)
¡Tranquila!

MARÍA LUISA al medio de la discusión de las mujeres hacia SILVANA. Le es imposible separarlas. La niña se defiende y les manda manotazos y gritos. Unos perros callejeros se unen a la pelea.

SILVANA
¡Anda a cocinar los pollos qué tenís guardados!

MARÍA LUISA
(A MUJER)
¡Pero si es una niñita chica! ¡Calma!

SILVANA
¡Lávale la ropa a tu marido mejor!

6 **hai** *coloq Chi* = has – 17 **una mocosita** *coloq aquí:* una niña (Rotzgöre)

SILVANA agarra impulso con su bolso y golpea a MUJER 1 y de paso también a MARÍA LUISA.

SILVANA
¡Sale momia!

MARÍA LUISA
(Enojada)
¡Oye!
(Se avalanza sobre la niña a empujarla)
¡¿Qué te creis?! ¿Qué te hai creído, rota asquerosa?

SILVANA
(A empujones)
¡Ya! ¡Suéltame, suéltame mierda!

GONZALO a unos metros del lugar, se da cuenta de que la pelea es protagonizada por su madre y por su amiga. Se detiene. Instintivamente se esconde entre la gente. Las amigas apoyan a MARÍA LUISA, siguen acorralando y gritándole a la niña.

MARÍA LUISA
(Gritándole)
¡Qué te vení a meter acá!
(la vuelve a empujar)
¡Te estoy defendiendo, asquerosa!

SILVANA
(Se zafa y es empujada)
¡Suéltame, momia culiá! ¡Suéltame mierda, suéltame!

MARÍA LUISA
(Gritándole)
¡Ándate a tu población, rota de mierda!

MUJER 1
¡Sí, Ándate de donde vienes tú!

15 **instintivamente** → instinto; facultad , habilidad que permite valorar o apreciar ciertas situaciones, personas y/o cosas – 20 **empujar** *aquí:* schubsen – 21 **asqueroso** *aquí:* Ekel(paket) – 23 **zafarse** escaparse

MARÍA LUISA
(Más enojada, arremete a empujarla de nuevo)
¡¿Qué te hai creído?! ¡¡Ándate a tu población!! ¡¡Ándate a tu población, rota ordinaria!

SILVANA
(Da golpes con su bolso)
¡Métanse las cucharas por el culo! ¡Ándate a lavar tus platos, vieja culiá!

PEDRO corre hacia SILVANA. Las cinco mujeres encierran a SILVANA.

SILVANA
¡Ándate pa' la casa! ¡Momias de mierda!

Cuando la empiezan a golpear, PEDRO toma a su amiga y sale corriendo con ella.

MARÍA LUISA
¡Ándate a tu población, asquerosa! ¡¿Qué se ha imaginado, rota de mierda?!

PEDRO y SILVANA se alejan. Lo sentimos por la mirada de MARÍA LUISA que los ve. GONZALO espera el momento para correr. Su madre y amigas regresan al auto. Los gritos de la protesta siguen. GONZALO corre para alcanzar a sus amigos.

Entre medio de la protesta corre una mujer. Hay mucho humo. Los niños vienen corriendo desesperados.

CORTE A:

78. EXT – CALLES DE SANTIAGO (CAMIÓN WILLY) – DÍA

Los niños llegan al camión, se suben a la parte trasera. Jadeantes se recuestan. Todos miran hacia el cielo.

2 **arremeter** empezar a hacer uc con decisión y fuerza – 3 **¿Qué te hai creído?** *coloq Chi* = ¿Qué te has creído? – 7 **el culo** *vulg* Arsch – 22 **humo** Rauch – 28 **jadear** respirar con dificultad después de haber, por ej., hecho un gran esfuerzo físico – 28 **recostarse** inclinarse sobre uc y/o up – 28 **el cielo** parte azul que rodea la tierra

PEDRO
¡Oye huevón, puta, que estaba enojada tu vieja!

SILVANA de a poco entiende que una de las mujeres era la madre de GONZALO. Se gira y mira a GONZALO.

SILVANA
(casi susurrándole)
¿Esa era tu mamita hueón? ¿Era tu mamita?

GONZALO no se inmuta. SILVANA continúa insultándolo. Entre los insultos, se escuchan dos bombazos.

SILVANA
¡Contesta hueón! Tu mamita, vieja asquerosa. Puta. Vieja de mierda, momia, momia de mierda. Puta, puta, puta, puta.

PEDRO mira. Una sirena suena. Llega WILLY corriendo. Sube unas banderitas al camión.

WILLY
¿Dónde se habían metido miércale? ¡Ya, vamos! ¡Vamos! ¡Vamos!

Los niños bajan de la parte trasera. GONZALO trata de ayudar a SILVANA.

SILVANA
¡Sale!

Los niños corren y se suben rápido a la cabina. El camión se va. Al fondo de la calle que dejan hay un enfrentamiento campal. Lacrimógenas y chorros de agua hacen ir y venir a los manifestantes.

9 **un bombazo** explosión de una bomba – 16 **miércale** *eufem Chi* mierda – 22 **una cabina** *aquí:* espacio pequeño en un vehículo, por ej. en un camión, donde viaja el conductor del vehículo – 24 **campal** → relativo a campo – 24 **lacrimógena** bombas que provocan lágrimas

79. EXT/INT – CALLES DE SANTIAGO (CABINA CAMIÓN WILLY) – NOCHE

Está lloviznando. GONZALO viene sentado en la punta del asiento y mira por el parabrisas hacia afuera. El niño viene con la cara manchada y los ojos hinchados. Ve a muchas personas caminando por la calle con ponchos de plástico. Llevan bidones para parafina. Unas pocas pasan con paraguas. Un grupo empuja un auto. Ve más gente que camina con bidones enfilándose. Otro auto es empujado. Pasan frente a una gran fila de personas, con ponchos de plástico y bidones. Esperan en una puerta. Un señor de edad empuja un carretón por la calle. PEDRO duerme apoyado en SILVANA, que a su vez duerme apoyada en el hombro de su padre. WILLY maneja serio y besa a SILVANA en la frente.

80. EXT – BARRIO ALTO (CABINA CAMIÓN WILLY) – NOCHE

Estamos en el sector alto de la capital, y aunque no se vive la locura de las manifestaciones de la tarde, en las esquinas mujeres golpean ollas y pasan un par de vehículos con gente sentada en las ventanas gritando consignas.

81. EXT – COLEGIO ST.PETER'S (PORQUERIZAS) – DÍA

El cura corre desesperado. Detrás viene un importante número de alumnos de distintos cursos. Reconocemos a GONZALO y a PEDRO.

Del costado de los galpones donde están los animales sale un humo negro. Unos alumnos de los cursos mayores queman a unos veinte cerdos muertos. Le echan bencina a otros.

PADRE MC ENROE
(Gritando)
¿Qué hacen? ¡¿Se han vuelto locos?!

3 **lloviznando** cayendo una lluvia fina – 5 **manchado** sucio, con manchas – 5 **hinchado** geschwollen – 6 **un poncho** pedazo de tela, con un orificio en el centro, que se pone sobre los hombros y con la cabeza en el orificio – 7 **un bidón** recipiente con una tapa y que sirven para transportar líquidos – 9 **enfilándose** que hacen filas – 11 **un carretón** vehículo viejo con dos o cuatro ruedas, generalmente con caballo – 20 **una consigna** *aquí:* mensaje – 21 **una porqueriza** Schweinestall – 25 **un galpón** Schuppen

JOVEN BIDÓN
(Desde el suelo)
¡Pero si amanecieron enfermos, Padre! ¡Están todos muertos!

El Padre se calma, toca la cruz que lleva en el pecho. Los niños siguen rociando con bencina a los chanchos. Les prenden fuego. Los alumnos alrededor de ellos junto al cura miran la triste escena.

FUNDIDO A:

82. EXT – CASA DE GONZALO (PIEZA PADRES) – NOCHE

Sobre la cama hay una maleta con objetos de PATRICIO. Otra, está cerrada. ISABEL está sentada mientras GONZALO ayuda a PATRICIO a empacar.

PATRICIO
(Doblando una chaqueta)
Echa los chalecos, porfa.

GONZALO
¿Cuáles?

PATRICIO
(Guardando la chaqueta en la maleta)
Todos.

ISABEL
¿Por qué tanto si en Europa es verano?

MARÍA LUISA, al lado de la puerta, fuma. Está seria, un tanto melancólica.

MARÍA LUISA
Final de verano, ya va a empezar el otoño.

GONZALO guarda varios chalecos de PATRICIO en la maleta y mira a su madre extrañado por su estado. ISABEL agarra una

5 **rociar** poner un poco de agua u otro líquido – 13 **empacar** empaquetar – 16 **porfa** *fam* por favor

cajetilla de cigarros que están en el velador y los va a abrir para fumar uno. PATRICIO la detiene y le quita los cigarros.

PATRICIO
No, no, no, pasa para acá… cabra chica fumando.

ISABEL
¿Qué tiene?

MARÍA LUISA
Déjala que fume, si ya está grande.

PATRICIO mira sin reproches a MARÍA LUISA, entregado a la situación. ISABEL se aprovecha y le quita los cigarros.

ISABEL
Un cigarro, papá.

PATRICIO
Bueno.

GONZALO
(Señalando las corbatas que están fuera de la maleta)
Papá ¿Las corbatas?

PATRICIO
Sí.

GONZALO toma delicadamente unas corbatas y las pone en la maleta. PATRICIO sigue empacando y busca en el closet. MARÍA LUISA inspecciona cada uno de los movimientos de PATRICIO.

MARÍA LUISA
¿Qué buscas?

PATRICIO
(Cerrando uno de los cajones del closet)
La máquina de fotos.

1 **un velador** *Chi* mesa pequeña que se encuentra al lado de una cama y donde se pone generalmente una lámpara – 9 **entregado** *aquí:* ausgeliefert – 9 **un reproche** → reprochar (decir a up que ha hecho algo mal)

MARÍA LUISA
(Un poco impresionada)
¿Te la vas a llevar?

GONZALO mira a su madre. ISABEL se hace la desentendida y fuma, en la misma actitud que MARÍA LUISA.

PATRICIO
Bueno sí, si voy de viaje. Roma, Italia, El Vaticano.
(Se gira a buscar)
No todo va a ser trabajar, ¿No es cierto?

MARÍA LUISA
En el cuarto cajón donde tú mismo la guardas.

PATRICIO
(Dirigiéndose al cajón, le dice muy seguro)
En el segundo.

MARÍA LUISA
(Más segura)
El cuarto, al fondo.

GONZALO sólo observa a su padre en su búsqueda. PATRICIO encuentra la cámara en el cajón donde le ha indicado MARÍA LUISA. La deja encima de la cama.

GONZALO
(Refiriéndose a la maleta)
¿Cierro?

PATRICIO
(Recogiendo otras cosas del velador que guarda en el bolsillo de su pantalón)
Si, cierra no más.

La maleta está repleta. GONZALO la intenta cerrar pero no puede. Se sube y se sienta encima de ella para poder cerrarla. MARÍA LUISA lo mira y sonríe. Lo ve como un niño más pequeño de la edad que tiene. ISABEL también sonríe al verlo.

4 **hacerse el desentendido** hacer como si no entendiera – 28 **repleto** muy lleno

PATRICIO
(Riendo)
Cuidado, cuidado… A ver, tranquilo.

PATRICIO lo calma. GONZALO no salta y se queda quieto. PATRICIO cierra un lado de la maleta. MARÍA LUISA los mira triste y fuma. La cámara se queda en ella y sentimos que PATRICIO cierra la maleta junto a su hijo.

PATRICIO (V.O.)
Ahí, ahora…
(Cierra el otro lado)
Cuidado con los dedos.

CORTE A:

83. EXT – POBLACIÓN EL ESFUERZO (CANCHA) – DÍA

Gran Plano General de la Población "El Esfuerzo". Vemos la cancha y las casas. Hay tranquilidad.

CORTE A:

84. EXT – RIBERA (BORDE RÍO) – DÍA

GONZALO bebe del tarro de leche condensada, retiene el contenido y se lo pasa a PEDRO, mientras besa a SILVANA que está a su lado. Ella sin moverse acepta el beso. De repente le pega un manotazo a GONZALO.

SILVANA
Con más cuidado, imbécil.

GONZALO
¿Qué pasó?

SILVANA
Me mordiste, hueón.

13 **una cancha** espacio para jugar fútbol u otro deporte – 14 **una población** *Chi* conjunto de viviendas donde viven las personas más pobres – 18 **retener** *aquí:* no tragar

SILVANA tiene un poco de sangre en los labios. Se levanta furiosa.

SILVANA
¡Tonto!

GONZALO
Perdona, fue sin querer.

SILVANA
(Incrédula)
¡Sin querer!

PEDRO, con el tarro de leche condensada, mira a GONZALO y luego sigue con la vista a SILVANA que se aleja de ellos. PEDRO se levanta y bebe del tarro de leche. Se acerca a SILVANA.

PEDRO
Un besito mío lo sana todo.

PEDRO va a abrazar a la niña. SILVANA empuja a PEDRO para que la suelte. PEDRO insiste en abrazarla y besarla.

SILVANA
¡Sana a tu abuela pendejo! ¡Sale pendejo, córrete!

SILVANA logra zafarse de PEDRO. Éste se gira furioso hacia GONZALO, que permanece sentado en el suelo.

PEDRO
(Enojado)
¡Puta, viste que la cagaste, hueón! ¡Hueón tonto, cómo la mordiste!

GONZALO mira a PEDRO sintiéndose culpable.

PEDRO (CONT'D)
¡Que tenís en el hocico ¿Una gilette, ahueona'o? ¡Aprende a dar besos, saco de hueas!

6 **sin querer** ohne Absicht, aus Versehen – 14 **sanar** hacer que uc o up no esté más enferma – 18 **correrse** zur Seite rücken, gehen – 23 **cagarla** *vulg* versauen – 27 **un hocico** boca de un animal – 27 **una gilette** hoja de afeitar de la marca Gilette – 27 **ahue(v)ona(d)o** *Chi* estúpido – 28 **saco de hueas** *vulg despect Chi* estúpido, tonto

(Más calmado)
¡Cabeza de zanahoria!

SILVANA
(Irónica, tocándose los labios)
No molestís al pituco, no veí que se puede poner a llorar.
(Pausa)
Con lo apollerado que es…

GONZALO efectivamente se nota afectado por el comentario de SILVANA. PEDRO lo mira con algo de lástima. SILVANA agarra la bicicleta de GONZALO, corre hacia el camino de tierra. GONZALO nota que se lleva la bicicleta.

GONZALO
¡Hey ya poh! Devuelvan la bici.
(Se pone de pie)
Ya poh, no sean tontos.

PEDRO corre alcanzando a SILVANA.

GONZALO (CONT'D)
¡Devuélvanla! ¡Ya poh, devuélvanla!

SILVANA
Gracias por la bici.

PEDRO y SILVANA llevan juntos la bicicleta. GONZALO corre desesperado tratando de alcanzarlos.

GONZALO
¡No, pero pásenla poh! ¡Hueones oye, pasen la bici! ¡Ya poh devuélvanmela!
(Gritando)
¡Pásenmela! ¡Devuélvanmela!

Van por el camino de tierra que va sobre el borde río. GONZALO corre detrás de SILVANA y PEDRO va desesperado.

2 **un cabeza de zanahoria** pelirrojo – 7 **apollerado** persona criada muy apegada a la „pollera" (falda) de la mamá; relación estrecha con la madre – 9 **la lástima** compasión, tristeza

GONZALO
¡Ya poh, pásenmela! ¡Rotos de mierda! ¡Hijos de puta!

Los niños se detienen. Botan la bicicleta. SILVANA desafiante se acerca a GONZALO.

SILVANA
¿Qué dijiste hueón? ¿Qué dijiste?
(Enfurecida, se va)
Mi mamá no es una puta.

PEDRO acerca su rostro al de GONZALO. Cuando está muy cerca, hace como si quisiera golpearlo, pero es sólo una amenaza.

GONZALO
¡Pégame poh, pégame a ver poh, hueón, pégame!

PEDRO golpea uno de los hombros de GONZALO, quien firme recibe el golpe sin moverse. PEDRO sale corriendo. GONZALO queda solo y quieto. Ve como PEDRO alcanza a SILVANA y se van juntos hacia la población.

CORTE A:

85. INT – CASA DE GONZALO (PIEZA DE GONZALO) – NOCHE

Es de noche. GONZALO está acostado. Tiene la cara llena de lágrimas. La puerta de la pieza se abre. Es MARÍA LUISA que entra y se sienta junto a él. Le acaricia la pierna. GONZALO se da vuelta y su madre descubre que ha estado llorando. GONZALO se seca las lágrimas.

MARÍA LUISA
(Susurrándole, triste)
Mi niño.

MARÍA LUISA acaricia el rostro de su hijo, quien se levanta y la abraza con fuerza.

2 **hijo de puta** *vulg* insulto fuerte (Hurensohn) – 3 **botar** *Am* tirar – 11 **amenazar** decir uc para provocar miedo, inseguridad – 22 **una lágrima** líquido que sale de los ojos cuando estamos tristes – 23 **acariciar** tocar a up para demostrar afecto, amor

GONZALO
No veas más a ese viejo de mierda.

MARÍA LUISA se impresiona de la petición de su hijo. Él la mantiene abrazada y lo hace con más fuerza. Llora. MARÍA LUISA queda pensativa.

CORTE A:

86. INT – CASA DE GONZALO (ENTRADA) – DÍA

La bicicleta de GONZALO está apoyada en la muralla de la entrada de la casa. Se escucha un ruido similar al de un temblor. Los pequeños objetos de adorno se escucha que se tambalean productor de este suave temblor.

CORTE A:

87. EXT – CASA DE GONZALO (TECHO) – DÍA

Rugido de aviones. GONZALO está sobre el techo de su casa. Está excitadísimo. Dos Hawker Hunter atraviesan a toda velocidad el cielo de Santiago. GONZALO observa hacia el poniente. Se ve el humo de la Moneda en llamas. En otras casas también hay gente en los techos pero celebrando con champaña, banderas chilenas y entonando el himno nacional. ISABEL sube al techo. Los dos observan en silencio.

CORTE A:

88. INT – CASA DE GONZALO (ENTRADA) – NOCHE

GONZALO está sentado en la escalera de la entrada de la casa. Está esperando frente a la mesa del teléfono. Aburrido, hace ruidos con su boca para pasar el tiempo.
Plano del teléfono sobre la mesa.

8 **una muralla** pared – 10 **un temblor** movimiento de la tierra de poca intensidad – 10 **un adorno** objeto que sirve de decoración – 11 **tambalear** mover de una lado a otro como si se fuera a caer – 14 **rugir** hacer un ruido alto parecido al que hace un león – 15 **Hawker Hunter** modelos de avión – 17 **el poniente** oeste – 17 **La Moneda** palacio presidencial chileno – 17 **las llamas** *pl* Flammen

CORTE A:

89. INT – CASA DE GONZALO (LIVING) – NOCHE

En la TV muestran el bombardeo de la Moneda. Vemos imágenes de archivo.

PERIODISTA TV
"…arriesgando su vida, y con gran decisión fue el segundo en entrar…"

LUCY e ISABEL están sentadas sobre el sofá. GONZALO está al lado de ellas, pero sentado en el suelo, a su lado tiene servido un sándwich y un vaso de leche sobre una bandeja. Todos miran expectantes las noticias en la TV. LUCY mira nerviosa, tiene sobre las piernas una frazada. Los niños están muy serios.

PERIODISTA TV (CONT'D)
"… abriendo fuego al interior del Palacio de la Moneda donde se les recibió con fuego graneado de todos los tipos…"

Plano del televisor mostrándonos las imágenes de archivo de la época.

MILITAR EN TV
"Una submetralleta parece regalada por Fidel Castro directamente al Presidente. Ignoro cuándo, y fue con la que al parecer se suicidó."

Vemos las cabezas de Lucy e Isabel mirando atentos el TV.

PERIODISTA TV
"Dice textualmente, perdón, a Salvador de su compañero de armas Fidel Castro ¿En qué lugar exacto apareció esta…?"

Suena el teléfono. GONZALO se levanta rápidamente a contestar. LUCY de inmediato gira la cabeza.

3 **un bombardeo** arrojar bombas – 6 **arriesgar** riskieren – 9 **servir** *aquí:* tener uc en un plato – 10 **una bandeja** pieza de metal o de otra material para servir, presentar o depositar cosas – 12 **una frazada** pedazo de tela, originalmente de lana, y que se usa para cubrirse; manta – 16 **graneado** de diferentes tipos – 20 **una submetralleta** arma de fuego más pequeña que una metralleta (Maschinengewehr)

MILITAR EN TV
"...Eh, en las manos del señor Allende en los momentos en que entramos a la oficina... "

LUCY e ISABEL lo miran. La imagen del TV está de fondo.

CORTE A:

90. INT – CASA DE GONZALO (ENTRADA) – NOCHE

El teléfono da su último ring y GONZALO levanta el auricular.

GONZALO
Aló mamá... sí... ¿Pero a qué hora llegai? (*Pausa*) Pero mamá... (*Pausa más larga, se deprime*) Chao.

Corta el teléfono dejando con fuerza el auricular sobre el aparato. Queda pensativo.

CORTE A:

91. INT – CASA DE GONZALO (LIVING) – NOCHE

GONZALO camina a sentarse nuevamente a la alfombra. LUCY e ISABEL siguen sentadas en el sofá. Lo siguen con la mirada hasta que se sienta.

MILITAR 2 EN TV
"... Y las fuerzas armadas y de orden tomaron por unanimidad, después de tres años de soportar el cáncer marxista... "

GONZALO está deprimido. ISABEL mira a LUCY tratando de entender lo que le pasa. LUCY sube los hombros y le da un pequeño golpecillo en la espalda a GONZALO.

LUCY
Cómase el sandwich y tómese la leche, oiga.

7 **un auricular** parte del teléfono que se usa para escuchar – 19 **fuerzas armadas** *pl* Streitkräfte – 19 **la unanimidad** apoyo de una opinión por un grupo – 20 **el cáncer** Krebs

GONZALO
(Mirando a LUCY)
No, gracias.

ISABEL
¿Está bien la mamá?

GONZALO
(Molesto)
Parece.

MILITAR 2 EN TV
"… moral y social, que no se podía seguir tolerando. "

PINOCHET EN TV
" Las Fuerza Armadas y de orden…"

GONZALO mira abstraído la TV, LUCY la mira también pero ISABEL está preocupada por su hermano. Levanta una mano y acaricia la cabellera del niño. GONZALO está mirando fijo la TV, está muy molesto.

PINOCHET EN TV (CONT'D)
"… han actuado en el día de hoy. Sólo bajo la inspiración patriótica de sacar al país…"

Plano de la TV, donde vemos a Pinochet haciendo un anuncio público.

PINOCHET EN TV (CONT'D)
"…del caos que en forma aguda lo estaba precipitando el gobierno marxista de Salvador Allende."

10 **tolerar** soportar, aguantar – 13 **abstraído** vertieft – 23 **precipitar** hacer caer

CORTE A:

92. EXT – COLEGIO ST. PETER'S (FRONTIS) – MAÑANA

Los alumnos enfilados frente a la puerta del colegio. Militares armados controlan el ingreso al colegio. GONZALO está en la fila de entrada. Va muy peinado. Otros almunos, de cabello largo, van peinados también. Un soldado en la entrada les da indicaciones.

SOLDADO PUERTA
¡Vamos avanzando la fila!... Apúrense, vamos avanzando... Avance, avance... ¡Más rápido!, más rápido avancen... muévanse, muévanse...

Un camión de militares sale por el portón del colegio hacia la calle. Unos soldados cierran el portón con rejas y candado. La fila de alumnos sigue caminando ordenadamente hacia el interior.

CORTE A:

93. EXT – COLEGIO ST. PETER'S (HALL ENTRADA) – MAÑANA

La cabellera de un alumno es cortada con gran destreza por la mano de un militar y su herramienta.

SOLDADO (V.O.)
Tú, adentro.

A un costado se procede a un brutal emparejamiento de las cabelleras por parte de dos soldados. Otros en la entrada, examinan el largo de pelo de los alumnos que ingresan. GONZALO viene en la fila, temeroso.
Vemos como a dos alumnos sentados les cortan el pelo muy corto, casi al rape. La máquina de cortar pelo pasa sobre la cabeza del joven, haciendo surcos. Al joven le salen lágrimas.

13 **un candado** cerradura generalmente con una llave – 19 **una cabellera** pelo – 23 **emparejamiento** poner diferentes cosas al mismo nivel – 26 **temeroso** con miedo – 28 **al rape** pelo cortado lo más corto posible – 29 **un surco** Furche

Se escuchan a los soldados dando órdenes y a los alumnos que no entienden la práctica.
Un moreno soldado agarra a un pelucón de la fila. Lo saca y lo lleva hacia los peluqueros.

SOLDADO
¡Adentro!

MUCHACHO PELO LARGO
¡Suéltenme!

El muchacho se rehúsa. Dos militares lo toman de cada brazo y lo llevan obligado. El soldado sigue con su inspección, deja que sigan camino dos alumnos de pelo corto. Viene el turno de otro muchacho de pelo largo.

SOLDADO
¡Tú, adentro!

MUCHACHO PELO LARGO 2
¡No, no!

El joven opone fuerza pero rápidamente es agarrado por los dos soldados. Le toca la revisión a GONZALO. Éste, que viene peinado, baja el mentón. Su pelo no toca el cuello de la camisa. El soldado lo agarra.

SOLDADO
¡Y voh, te estai haciendo el vivito!

El Padre Mc Enroe aparece en el hall. Ante el grito, el soldado que tiene a GONZALO se distrae. GONZALO se corre de la fila y avanza.

PADRE MC ENROE
¡Qué hacen!

El PADRE MC ENROE se acerca hacia el sector de corte de pelo. Dos soldados armados lo detienen.

3 **un pelucón** *Chi Pe* hombre de pelo largo – 9 **rehusarse** negarse, oponerse – 19 **el mentón** Kinn – 23 **un hall** vestíbulo, recibidor

PADRE MC ENROE (CONT'D)
¡No están en un cuartel!

Los soldados lo llevan hacia adentro. Lo empujan con sus armas. MC ENROE retrocede pero oponiéndose.

PADRE MC ENROE (CONT'D)
Don't push me!
(Empuja a los soldados)
Don't push me!

El niño se fija en el sacerdote que, mientras lo llevan, alega a viva voz.

PADRE MC ENROE (CONT'D)
Don't push me, God!
(Más enojado)
Don't push me! I'm the director of the school! Do you understand? *(Empujando)* Don't push me!

Mc Enroe se rinde, da media vuelta y sube las escaleras. Los soldados siguen tras él.

PADRE MC ENROE (CONT'D)
¡Es humillante! God, god!

GONZALO lo mira alejarse detenido. Una masa de alumnos pasa al lado de él. Un soldado aparece por detrás de GONZALO y lo empuja junto a los demás niños hacia las salas de clases.

SOLDADO 2
¡Avancen, Avancen, muévanse!

Los niños son apurados por dos soldados y sus fusiles. Caminan rápido hacia las salas.

2 **cuartel** Kaserne, Quartier – 4 **retroceder** ir hacia atrás – 9 **alegar** protestar, discutir – 19 **humillante** demütigend – 25 **un fusil** arma de fuego

CORTE A:

94. EXT/INT – COLEGIO ST. PETER'S (PATIO/SALA DE CLASES) – MAÑANA

LISANDRO TORO grita.

LISANDRO TORO
"Milicos culeados, váyanse a los cuarteles".

GONZALO y su curso, está asomado por la ventana hacia el patio. En subjetiva, a través de la ventana vemos a LISANDRO corriendo y detrás de él van unos soldados tratando de pillarlo. Lo agarran y se lo llevan. En el interior de la sala, vemos a GILDA asomada por la ventana junto a los niños. Se nota afectada. Gira su cabeza y nota el impacto en los alumnos. Intentando retornar a la normalidad.

GILDA
Children! Go back to your seats, please! Come on! Come on!

GILDA toma del brazo a cada uno de los alumnos. Los niños bajan de los pupitres donde están parados para mirar. Se sientan.

GILDA
Sit down, please!

El último en volver a su asiento es GONZALO. Se da vuelta hacia PEDRO. GILDA da órdenes mientras los jóvenes hablan.

GONZALO
¿Cómo estás?

PEDRO
¿Qué te importa?

GILDA (V.O.)
Open your books on lesson twenty five.

6 **un milico** *coloq CSur despect* militar – 9 **pillar** atrapar – 12 **afectar** tener una influencia negativa en los sentimientos de up – 13 **retornar** volver – 17 **un pupitre** mueble de madera, con tapa en forma de plano inclinado, para escribir sobre él y generalmente usado en las escuelas

PEDRO saca un libro que tiene debajo de su pupitre. GONZALO se siente mal ante la indiferencia de su amigo.

GILDA (V.O.)
On lesson twenty five.

La puerta se abre y aparece el CORONEL SOTOMAYOR. Viene junto a dos soldados, uno de ellos trae unos artículos de oficina en las manos. Los niños se paran.

NIÑOS
Good Morning!

CORONEL SOTOMAYOR
Buenos días, niños.

El soldado entrega a GILDA el artículo que trae en las manos, es una nueva lista de curso y un afiche enrollado.

GILDA
(Al soldado)
Gracias.

CORONEL SOTOMAYOR
(Saludándola)
Profesora.

GILDA
Buenos días.

CORONEL SOTOMAYOR
(A GILDA, irónico)
Señora GILDA, quise entregarle personalmente esto que se le quedó en la sala de profesores.

GILDA
Muchas gracias.

GILDA deja sobre su escritorio el afiche y la lista que le pasó el soldado. El Coronel se dirige a los alumnos que lo escuchan atentamente.

13 **un afiche** póster – 13 **enrollado** enpaquetado, arrollado; en forma de rollo

CORONEL SOTOMAYOR
Niños, soy el Coronel Carlos Sotomayor, el nuevo rector del colegio San PATRICIO.
(Inicia un recorrido por toda la sala)
Como todos saben, en este colegio han estado ocurriendo cosas extrañas e incorrectas, nosotros estamos aquí porque hemos llegado para arreglar las cosas, para ordenar todo esto *(toma el pelo de uno de los alumnos).*
Para que de una vez por todas se dediquen a estudiar y no a otra cosa. En cuanto a los alumnos que no pagan su colegiatura, quiero decirles que aquí no queremos gente floja, ni delincuentes de ningún tipo. Para lo cual vamos a realizar una limpieza como se debe…

El Coronel pasa sus dedos por uno de los pupitres donde está sentado uno de los integrados. Se mira los dedos para ver si hay polvo. Lo mismo hace el niño que está sentado en ese pupitre, imitando el gesto. El Coronel llega nuevamente al frente de la clase.

CORONEL SOTOMAYOR (CONT'D)
Como se habrán dado cuenta los curas ya no están. Y no queremos saber nada de ellos. Eso quiere decir que si aquí en el colegio siguen circulando rumores de esa gente, voy a pensar que ustedes los traen. ¿Les queda claro?

Los niños asienten.

NIÑOS
Sí.

CORONEL SOTOMAYOR
Muy bien.

El capitán sale junto a sus escoltas. Los niños se ponen de pie. La profesora vuelve al escritorio.

GILDA
Johnson… Ahumada… ¡Come here, please!

11 **una colegiatura** Stipendium – 12 **un delincuente** Straftäter, Verbrecher – 16 **el polvo** Staub – 22 **circular** ir de un lugar a otro – 22 **un rumor** Gerücht – 29 **un/a escolta** Eskorte

(Luego, con desagrado y en castellano, les pasa el afiche)
Lleven esto y lo cuelgan atrás, que se vea.

Los niños llegan, recogen el afiche y se lo llevan hacia el muro del fondo, donde está el mural del curso. Toda la clase los observa. La profesora ve la nueva lista de curso. Mira a los alumnos un instante.

GILDA
Los siguientes alumnos: Hamilton…

La cámara muestra a los niños que escuchan a la profesora. Panea rápido a HAMILTON. El curso se gira hacia él.

GILDA (V.O.,CONT'D)
Kucevic…

Cámara panea a KUCEVIC. El curso se gira hacia él. Éste mira a sus compañeros sin entender.

GILDA (V.O.,CONT'D)
Orellana…

Cámara panea a ORELLANA. El curso se gira hacia él.

GILDA (V.O.,CONT'D)
Vildósola…

Cámara panea a VILDÓSOLA. El curso se gira hacia él.

GILDA (V.O.,CONT'D)
…y Parraguez…

Pan foco a PARRAGUEZ que está delante de VILDÓSOLA.

GILDA (CONT'D)
…Tomen sus cosas y vayan a inspectoría, por favor.

HAMILTON
¿Ahora mismo?

25 **una inspectoría** oficina de un inspector (de policía, militar)

GILDA
Sí, mi amor, ahora.

KUCEVIC empieza a recolectar sus cosas. Se pone de pie y sale. PEDRO, cuando pasa por su lado, le toca el hombro en señal de apoyo.

KUCEVIC
Chao.

El resto de los alumnos mencionados agarran sus bolsones y salen despidiéndose torpemente de sus compañeros al pasar. La profesora va hacia la puerta y la abre para dejarlos ir. Los niños dejan el aula. La profesora cierra.

GILDA
Honorato, read from the beginning please.

GONZALO, inquieto, se da vuelta para preguntarle a PEDRO.

GONZALO
¿Dónde van?

PEDRO
(Burlesco de la ingenuidad de GONZALO)
Obvio, los echan.

GONZALO se gira hacia delante. GILDA observa la clase con los puestos vacíos y Honorato lee la lección en medio del silencio general.

CORTE A:

95. INT – COLEGIO ST. PETER'S (CAPILLA) – DÍA

Los niños están reunidos en una liturgia presidida por el capellán del ejército. SOTOMAYOR y profesores del colegio están en primera fila. Miss GILDA en cambio, está junto a su curso. Están en la acción de gracias de la liturgia.

3 **recolectar** recoger – 9 **torpe** ungeschickt – 18 **ingenuidad** → ingenuo (naiv) – 25 **una liturgia** ritual religioso también llamado misa

CAPELLÁN
...Acuérdate Señor, de tu iglesia extendida por toda la tierra...

GONZALO escuchando al capellán. La cámara panea hacia el asiento delantero donde esta PEDRO. GONZALO lo mira.

CAPELLÁN (CONT'D)
Con el papa Paulo, y muy especialmente, por la gloriosa Junta de gobierno, para que los ilumines en la reconstrucción de este destrozado país.

En ese momento hace su entrada a la capilla el PADRE MC ENROE junto a los dos otros sacerdotes que hemos visto anteriormente. Se produce un nervioso silencio en la capilla. Los sacerdotes se hincan y persignan frente al altar, e ignorando totalmente al capellán, Mac Enroe saca desde adentro del sagrario un copón de hostias. Se las come. Los niños observan sin entender mucho. GILDA asiente con la mirada. Sotomayor está consternado y con rabia. PEDRO mira emocionado. El PADRE MC ENROE llora mientras termina de comer. GONZALO lo mira sorprendido.

PADRE MC ENROE
(Al capellán)
Este ya no es más un lugar sagrado.
(Apaga la vela del sagrario, se gira a los presentes)
El Señor ya no está acá.

Los sacerdotes se retiran con la misma calma con que entraron. PEDRO se da vuelta para observarlos. Lentamente se levanta.

PEDRO
Goodbye, Father Mc Enroe.

GONZALO gira la mirada rápidamente hacia PEDRO, nervioso pensando en la reacción del cura. El PADRE MC ENROE se detiene. Mira hacia atrás y mira a PEDRO, quien parece muy solo en medio de todos los otros niños sentados.

3 **un capellán** Kaplan – 7 **iluminar** dar/poner luz – 8 **destrozado** muy roto – 12 **hincarse** arrodillarse (→ rodilla) – 12 **persignarse** sich bekreuzigen – 14 **un sagrario** lugar en una iglesia católica donde se guardan las hostias – 14 **un copón** Kelch – 16 **consternado** molesto, irritado – 21 **sagrado** heilig

PADRE MC ENROE
(Pausa, le sonríe)
Good bye, Machuca.

Poco a poco los otros niños y GILDA se comienzan a parar y a despedirse. ROBLES también se levanta.

NIÑOS
Goodbye, Father Mc Enroe.

El Padre Mc Enroe observa como todos se ponen de pie. Está emocionado.

NIÑOS
Goodbye, Father Mc Enroe.

PADRE MC ENROE
Goodbye boys.

Los sacerdotes se retiran. Sotomayor se para y se queda parado frente a PEDRO. Éste se da cuenta, lo mira. Camina hacia él.

CORONEL SOTOMAYOR
¡Profesores, que los cursos vuelvan a sus salas!

El Coronel le indica con el brazo a PEDRO que salga. PEDRO obedece y el Coronel sale junto a él. GONZALO queda preocupado.

CORTE A:

96. EXT – COLEGIO ST. PETER'S (ESCALERAS/PASILLO) – DÍA

Es la salida de clases. GONZALO baja corriendo las escaleras en medio de otros alumnos. Corre por un pasillo y disminuye la velocidad cuando pasa frente a un soldado que custodia el sector. Al pasarlo, inicia la corrida de nuevo.

14 **retirarse** irse – 26 **custodiar** guardar con cuidado

CORTE A:

97. EXT – COLEGIO ST. PETER'S (FRONTIS) – DÍA

Los alumnos salen del colegio. Soldados vigilan el frontis. Unos pocos apoderados esperan a sus hijos. GONZALO sale y ve que nadie lo espera. Se va.

CORTE A:

98. INT – CASA DE GONZALO (ESCALERAS) – DÍA

Se siente la puerta que se cierra. Es GONZALO que llega a su casa. Sube las escaleras.

GONZALO
¿Mamá?

CORTE A:

99. INT – CASA DE GONZALO (PASILLO/PIEZA PADRES) – DÍA

GONZALO avanza por el pasillo. Llega hasta la pieza de sus padres. Está todo ordenado e intacto. No hay nadie ahí.

CORTE A:

100. INT – CASA DE GONZALO (LIVING) – DÍA

El living está vacío.

GONZALO (V.O.)
¿Mamá?

3 **un frontis** fachada

CORTE A:

101. INT – CASA DE GONZALO (COCINA/PIEZA DE LUCY) – DÍA

En la cocina no hay nadie. Sobre el mesón hay un flan que está cuajando. Se escucha una música suave.

GONZALO
¿Mamá?

GONZALO pasa por la cocina hacia la pieza de LUCY. Le toca la puerta.

LUCY
Adelante.

GONZALO entra. LUCY está sentada en su cama con los pies puestos en una batea con agua helada. A su lado tiene una toalla. En su velador está la radio que emite la música que se escuchaba. Es una habitación sencilla, con pocos objetos personales. Hay una tabla de planchar con ropas dobladas encima. LUCY se saca los lentes y deja el libro que leía.

LUCY
Hola. ¿Cómo le fue en el colegio?

GONZALO
Hola. ¿Y mi mamá?

LUCY
No está, salió, pero llega luego.

GONZALO
¿Y mi hermana?

LUCY
No, ella no ha llegado todavía. Vaya a cambiarse ropa, después se me junta mucha para el lavado. Yo le preparo once.

5 **cuajar** proceso de transformación de líquido a sólido – 13 **una batea** *Am* recipiente que se usa normalmente para lavar la ropa

GONZALO sale cabizbajo de la pieza de LUCY. LUCY lo nota y se seca los pies.

CORTE A:

102. INT – CASA DE GONZALO (PIEZA DE GONZALO) – DÍA

La cámara nos muestra la pieza vacía. Todo está en orden.

CORTE A:

103. INT – CASA DE GONZALO (PIEZA DE GONZALO) – DÍA

GONZALO está tendido sobre su cama. Mira el techo.

CORTE A:

104. EXT – CASA DE GONZALO (FRONTIS/CALLE) – DÍA

GONZALO, con ropa de calle, sale pedaleando en su bicicleta.

CORTE A:

105. EXT – CALLES (BLOCKS) – DÍA

GONZALO arriba de su bicicleta pasa por las paredes que antes vimos pintadas con consignas políticas. Ahora están pintadas de gris.

CORTE A:

106. EXT – POBLACIÓN EL ESFUERZO (CANCHA) – DÍA

GONZALO pedalea rápido, cruza la cancha. Vemos un par de camiones militares.

1 **cabizbajo** con la cabeza hacia abajo

CORTE A:

107. EXT – POBLACIÓN EL ESFUERZO (CALLE) – DÍA

Militares custodian y vigilan desde un cerro. GONZALO está en medio de un caos total. Camina con su bicicleta a un costado. Soldados queman pertenencias de los pobladores. A hombres y mujeres los enfilan y revisan. Militares allanan casas con extrema violencia. Fogatas destinadas a quemar libros, discos y otras pertenencias para ellos subversivas, le dan al ambiente un carácter aún más dramático. Gritos de ofensa y de defensa se escuchan al por mayor. Los hombres corren formados con los brazos sobre la cabeza. La violencia es desmedida, para la nula oposición de la gente. Los soldados amenazan a familias enteras con sus armas. A otros, los golpean y patean en el suelo. Niños abrazados a sus madres. GONZALO transita atónito entre medio de este caos. Un jeep militar pasa por un pasaje. Detrás de él, varios militares apuntan con sus fusiles.

GONZALO a lo lejos divisa que en la casa de PEDRO hay un gran tumulto. Los militares están sacando a la familia de PEDRO de la casa. JUANA, quien habla en forma desenfrenada, está con su bebé en brazos. PEDRO está al lado de ella.

JUANA
¡Milico concha de tu madre! ¡No me toquí, no me toquí milico culiao! ¡Milico culiao!

ISMAEL permanece en posición de sospechoso con las manos sobre el muro, llorando como un niño.

ISMAEL
¡No te metai! ¡No te metai JUANA! ¡No te metai te digo!

SOLDADO ALLANAMIENTO 1
¡Cállate mierda! ¡Cállate!

3 **custodiar** cuidar – 5 **las pertenencias** *pl* cosas que pertenencen a up – 6 **enfilar** poner en fila – 6 **allanar** entrar en una casa ajena contra la voluntad de su dueño – 7 **una fogata** fuego – 8 **subversivo** capaz de perturbar el orden público – 10 **al por mayor** en gran cantidad – 13 **patear** golpear con el pie – 15 **atónito** muy asombrado – 19 **desenfrenado** sin control – 22 **toquí** *Chi coloq* = toques – 27 **no te metai** *Chi coloq* = no te metas – 28 **un allanamiento** → allanar entrar a una casa ajena sin permiso y por la fuerza

ISMAEL es apuntado y amenazado a menos de un metro de distancia con un arma. Se queda inmóvil. JUANA sigue peleando con los militares. PEDRO la abraza y llora. Trata de calmar a su madre.

JUANA
¡No ven que tengo una guagua, milico culia'o!

De repente a WILLY lo sacan a patadas de su casa. SILVANA, quien viene atrás, intenta intervenir, se agarra de los soldados y patalea. La apartan violentamente. Ella se lanza sobre su padre para evitar que lo sigan golpeando. Los soldados la sacan de encima y siguen pateando a WILLY. Otras personas corren por el lugar. Se divisa un camión militar cerca de la casa de PEDRO. Un soldado sale con las banderas de los partidos de izquierda que los niños y WILLY vendían y se las enrostran en la cara al padre de Silvana.

SOLDADO ALLANAMIENTO
¿Andai con banderitas, concha de tu madre? ¿Andai con banderitas? ¡Cómetelas concha de tu madre, cómetelas!

Cuatro militares le pegan sin misericordia. SILVANA se desespera cada vez más. Se lanza encima de un militar.

SILVANA
¡Déjalo! ¡Déjalo concha de tu madre! ¡Déjalo hueón! ¡Déjalo!

SOLDADO ALLANAMIENTO (V.O.)
(Gritándole a WILLY)
¿Qué te creí que soi hueón?

El soldado se quita a SILVANA de encima. La niña se tira encima de su papá y lo abraza.

SOLDADO ALLANAMIENTO (V.O.)
(Ordenando a otro soldado)
¡Saca a la pendeja!

1 **apuntar** zielen – 7 **a patadas** pegándole con el pie – 9 **patalear** strampeln – 12 **divisar** ver con poca claridad – 14 **enrostrar** *aquí:* poner en el rostro (cara)

SILVANA
(llorando)
¡Papá!

Los soldados agarran a SILVANA para sacarla encima de WILLY. JUANA y PEDRO observan la agresión hacia el vecino. JUANA grita y llora desconsolada.

JUANA
¡Milicos culiaos! ¡No la toquís, concha de tu madre!

Los soldados siguen pateando a WILLY, éste aguanta con la cara llena de dolor.

SOLDADO ALLANAMIENTO
(Ordenando)
¡Pégale fuerte hueón!

El soldado quita a la niña y la hace a un lado.

SILVANA
(Gritando)
¡Papá!

GONZALO está inmóvil, shockeado con lo que ve. SILVANA se vuelve a lanzar encima de su padre.

SOLDADO ALLANAMIENTO
(Ordenando)
¡Pégale fuerte hueón! ¡Pégale fuerte al culiao!
(Ordenando al otro soldado)
¡Saca a la pendeja, saca a esta cabra hueona!

Los soldados vuelven a quitar a SILVANA hacia un costado. Ella se levanta e insiste en acercarse a su papá. Los militares lo patean sin piedad. JUANA trata de acercarse y grita. PEDRO la abraza y la aleja.

JUANA
¡Milicos culiaos!

6 **desconsolado** untröstlich – 14 **hacer uc/up a un lado** *loc* apartar/quitar del medio

SOLDADO ALLANAMIENTO
(Se acerca a JUANA)
¡Cállate mierda!
(Le ordena al soldado que los apunta)
¡Al camión! ¡Al camión! ¡Todas las mujeres al camión!

El SOLDADO ALLANAMIENTO se acerca a ISMAEL, quien a permanecido en su posición apuntado por el otro soldado.

SOLDADO ALLANAMIENTO
(A ISMAEL)
¡Date vuelta hueón!

ISMAEL, obediente, no pone resistencia. El Soldado Allanamiento vuelve a los soldados que golpean a WILLY e incentiva a que lo hagan con más fuerza. La paliza continúa. SILVANA se tira como loca hacia los soldados. De nuevo la apartan, esta vez con más violencia. La niña cae aparatosamente. El soldado enfurecido le dispara en pleno corazón. Se produce un silencio total.
GONZALO se paraliza. PEDRO y su familia están absolutamente conmocionados. El SOLDADO ALLANAMIENTO corre hacia ISMAEL.

SOLDADO ALLANAMIENTO
¡Date vuelta, concha de tu madre! ¡Date vuelta, culiao!
(lo estrella contra la pared)
¡Ahí concha de tu madre! ¡Al suelo!
(Le ordena al soldado)
¡Apúntalo hueón! ¡Mantenlo ahí, al culiao!
(Ordena a otro soldado)
¡Las mujeres al camión!
(A ISMAEL)
¡Date vuelta mierda!
¡Todos dados vuelta mierda!

Mientras el soldado grita, vemos a PEDRO que se acerca a SILVANA. La niña está en el suelo, con los ojos cerrados y su pecho con sangre. GONZALO mira a su amiga muerta. Tiene lágrimas en los ojos. WILLY abraza a su hija y le acaricia el cabello. JUANA a un costado llora con su guagua en brazos.

11 **obediente** gehorsam – 13 **una paliza** Prügel – 16 **enfurecido** con furia (Zorn) – 16 **disparar** schießen – 19 **conmocionado** erschüttert – 22 **estrellar** lanzar con fuerza uc contra un objeto

GONZALO empieza a alejarse sin dar la espalda y choca con un soldado.

SOLDADO
Cabro de mierda. ¿A dónde creís que vai?
(*Lo agarra de un brazo*)

GONZALO
(Oponiéndose)
¡No, no, no! ¡Yo no soy de aquí!

SOLDADO
(Lo empuja)
¡No qué, hueón! ¡Camina hueón! ¡Devuélvete mierda!

GONZALO
(Desesperado)
¡Yo no tengo nada que ver! ¡Yo soy del otro lado del río! ¡No por favor!

SOLDADO
(Lo empuja)
¡No qué hueón! ¡No te hagai el vivo conmigo pendejo!

PEDRO escucha el griterío, mira y decepcionado ve como GONZALO se pone frente al soldado para que lo vea.

GONZALO
(Desesperado)
¡Yo no soy de aquí, yo soy del otro lado del río!

SOLDADO
(Amenazándolo)
¡Quédate acá hueón! ¡Devuélvete mierda! ¡Devuélvete mierda!
(Lo empuja)

GONZALO
(Apunta con la mano)
¡¡Míreme!!
(se indica a sí mismo)

18 **hacerse el vivo** *coloq* querer engañar a up – 25 **amenazar** (be)drohen

El soldado lo mira, se da cuenta que efectivamente va vestido como un niño rico, especialmente las zapatillas Adidas, que le habían gustado a PEDRO.

SOLDADO
(Le golpea la cabeza)
¡Ándate de acá hueón! ¡Ándate de acá!

El militar lo deja ir. GONZALO camina rápido mirando hacia atrás. PEDRO no le ha quitado la vista de encima. GONZALO se queda inmóvil mirando a su amigo un par de segundos. Luego se gira, agarra su bicicleta y pedalea fuerte. PEDRO, lo ve alejarse, y se le llenan aún más los ojos de lágrimas. Vuelve a mirar a SILVANA, tendida en el suelo.
GONZALO pedalea muy rápido. Aparece entre el humo de las fogatas. Pasa entre medio de personas que son llevadas en filas por los militares. Arranca de la población. Llora desconsoladamente. A medida que pedalea su rostro se acerca a la cámara hasta quedar fuera de foco.

FUNDIDO A NEGRO:

108. EXT – NUEVA CASA DE GONZALO (BARRIO) – DÍA

FADE IN

GONZALO arriba de su bicicleta, pedalea suavemente por un barrio salubre y de casas más grandes que el antiguo suyo.

El sonido es distante y un poco abombado. Se escucha un organillero.

En una esquina hay un par de niños jugando a los soldados con metralletas de plástico. GONZALO no repara en ellos. Estos le disparan.

21 **arribarse** *aquí:* bajarse – 22 **salubre** sano *aquí:* rico, limpio – 23 **abombado** *aquí:* no claro – 24 **un organillero** persona que toca un organillo (Drehorgel) – 26 **metralleta** arma de fuego – 26 **reparar** *aquí:* deternerse para ver

NIÑA METRALLETA
(Disparándole)
¡Tenís que morir!

GONZALO no se inmuta y sigue pedaleando.

CORTE A:

109. EXT – NUEVA CASA DE GONZALO (ENTRADA) – DÍA

GONZALO llega al frontis de una gran casa. El auto de OCHAGAVÍA está afuera y un camión en el estacionamiento. Entra. Por la parte trasera del camión vemos a dos peonetas bajando un mueble. GONZALO deja su bicicleta afuera de la puerta de entrada, tirada en el suelo.

CORTE A:

110. INT – NUEVA CASA DE GONZALO (SALA PRINCIPAL) – DÍA

GONZALO abre la puerta. LUCY viste con una especie de uniforme de empleada doméstica. Pasa frente a él con un par de cuadros.

GONZALO
Hola LUCY.

GONZALO
Hola Gonzalito.

GONZALO entra a la casa con amplios espacios. Desde el living se divisa un tremendo jardín que es cuidadosamente arreglado por un jardinero. En la terraza, está MARÍA LUISA de pie e ISABEL sentada junto a OCHAGAVÍA. Conversan alegres. ISABEL fuma y le cuenta una anécdota a OCHAGAVÍA, quien sonríe entretenido. MARÍA LUISA entra a la sala y da órdenes a dos peonetas quienes cargan un sofá.

9 **un peoneta** *m Chi* persona que trabaja en un camión de carga como ayudante

MARÍA LUISA
(A los pionetas)
No, no, no... No me pisen la alfombra, por favor.
(Le indica otro sector)
Allá, de la puerta hacia allá.

GONZALO sigue inmóvil observando todo. Su madre se acerca y lo besa.

MARÍA LUISA
Hola gordito.
(Le acaricia la cara)
¿Está bien? *(Pausa)* ¿Estás contento?
(Le da otro beso)
Voy a ver a los maestros.

MARÍA LUISA sale, un empleado entra con un macetero. GONZALO mira celoso y un tanto molesto a ISABEL y OCHAGAVÍA que ríen, beben, fuman y disfrutan en la terraza.

CORTE A:

111. INT/EXT – AUTO DE OCHAGAVÍA (ASIENTOS) – DÍA.

Detalle del diario "El Mercurio" que titula "FIFA INFORMÓ AL MUNDO QUE LA VIDA EN CHILE ES NORMAL". GONZALO va sentado en el auto de OCHAGAVÍA. Mira hacia delante. Serio. Muy peinado. A su lado, OCHAGAVÍA lee el diario. De vez en cuando mira hacia fuera.

CORTE A:

112. EXT – CALLE DE SANTIAGO (MURALLA) – DÍA

El auto de OCHAGAVÍA pasa frente a la muralla que antes tenía escrito "No a la guerra civil", y ahora está pintada entera de gris.

14 **un macetero** recipiente para poner macetas (Blumentopf) de plantas

CORTE A:

113. INT – COLEGIO ST. PETER'S (SALA DE CLASES) – DÍA

El diario mural de la sala está presidido por el afiche de la Junta Militar.

La sala está en silencio. Los niños contestan un control. GONZALO trabaja concentradamente.

Una mano le golpea por el lado. Es ROBLES, quien volvió a su antiguo asiento. ROBLES le pide ayuda con gestos. GONZALO lo mira y le saca la hoja de su pupitre. Sin cambiar su expresión anota "ASSHOLE". Le devuelve la hoja. Su semblante no dibuja ningún gesto.

ROBLES
(Sonríe)
Gracias.

Se para. ROBLES recibe, lee la hoja. Cambia su sonrisa a seriedad. Mira a GONZALO. Empieza a borrar su prueba. GONZALO entrega el control a una nueva profesora. Ella lee la prueba y está sin contestar. GONZALO cierra la puerta con un portazo, tan fuerte que la puerta no cierra. La profesora se asusta, mira a los alumnos y cierra la puerta. La clase, sin la presencia de los alumnos integrados, continúa el control.

CORTE A:

114. EXT – RIBERA (BORDE RÍO) – DÍA

GONZALO camina por la ribera del río. Se encuentra con los tarros de leche condensada vacíos que bebió con sus amigos.

4 **un diario mural** pared con afiches – 11 **el semblante** cara, expresión de la cara – 25 **una ribera** orilla de un río y/o mar

CORTE A:

115. EXT – POBLACIÓN EL ESFUERZO (CANCHA) – DÍA

GONZALO mira en dirección a la Población El Esfuerzo.

La misma vista de la población que hemos visto. Salvo que ya no hay casas ni gente. Solo polvo y al fondo las montañas.

GONZALO, con los ojos brillantes, da media vuelta y lo vemos alejarse.

FADE OUT:

FIN.

En memoria del sacerdote
Gerardo Whelan c.s.c.
Rector del Colegio Saint George
de Santiago entre los años 1969 y 1973.

11 **c.s.c.** Congregatio a Sancta Cruce Kongregation vom heiligen Kreuz (Kath. Priestergemeinschaft)

Sobre los autores

Roberto Brodsky, Mamoun Hassan, Andrés Wood

Roberto Brodsky

Mamoun Hassan

Roberto Brodsky (Santiago de Chile, 1957)

Premio Jaén de Novela 2007 (España) por *Bosque Quemado*. Es también autor de las novelas *El arte de callar* (2004), *Últimos días de la historia* (2001) y *El peor de los héroes* (1999). Sus cuentos se encuentran publicados en distintas antologías, entre ellas *El crimen de escribir* (1998) y *Con Pasión* (2000). Coguionista del film *Machuca* (A. Wood, 2004) y guionista de *El brindis* (2007), actualmente reside en Washington DC como Visiting Scholar en Georgetown University.

Mamoun Hassan

Filmografía

Productor
La buena vida (2008)
Machuca (2004)
No Surrender (1985)
A Private Enterprise (1975) (productor ejecutivo)

Guionista
La buena vida (2008)
Machuca (2004)

Actor
1. *A Gyro Full of Dollars* (2005)
2. *Brown Ale with Gertie* (1974)

Andrés Wood

Sobre el director

Andrés Wood

Nace en 1965 en Santiago de Chile.

En 1998 se gradúa en Económicas en la Universidad Católica de Chile y entre 1990 y 1991 estudia cine en la Universidad de Nueva York.

Cuando vuelve a Chile, dirige su primera película *Historias de fútbol*, un éxito de taquilla.

Sus películas se han mostrado en varios festivales internacionales y han recibido premios y reconocimientos a nivel mundial, destacando el premio a Mejor Director en el Festival de Huelva y mención especial a Mejor Dirección Novel en el Festival de San Sebastián por *Historias de fútbol* en 1997.

Machuca es su tercera película y ha cosechado un gran éxito a nivel de crítica, público y distribución internacional.

Filmografía

2008 *La buena vida* (película, director y co-guionista)
2004 *Machuca* (película, director y co-guionista)
2001 *La fiebre del loco* (película, director y co-guionista)
1998 *El desquite* (TV mini-series; director y co-guionista)
1997 *Historias de fútbol* (película, director y co-guionista)
1994 *Reunión de familia* (cortometraje; director)
1992 *Idilio* (cortometraje; director)

Breve vocabulario sobre cine

El presente vocabulario no pretende ser exhaustivo. Para un repertorio más completo sobre el vocabulario cinematográfico, remitimos a la guía didáctica *Machuca* (colección *Cinemateca*), ISBN 978-3-12-535542-2, así como al capítulo 10.3 *Theater, Kino, Film* del *Thematischer Grund- und Aufbauwortschatz Spanisch*, ISBN 978-3-12-519517-2.

El lugar

el cine	edificio donde se proyectan películas
el minicine	cine muy pequeño
la sala	gran pieza donde se proyectan y se ven las películas
la pantalla	gran tela sobre la cual se proyectan las imágenes
la butaca	asiento con brazos
el acomodador/ la acomodadora	persona que indica los asientos a los espectadores
el vestíbulo	espacio entre la entrada del cine y la sala
la taquilla	ventanilla donde se venden las entradas
el taquillero/ la taquillera	persona que vende las entradas
la fila	línea de butacas

El espectáculo

el cortometraje	película muy corta
la película	película
la comedia…	que quiere hacer reír a los espectadores
~ de aventuras…	que trata de sucesos extraordinarios
el "thriller"…	llena de acción, suspense y misterio
~ policiaca…	que trata de la investigación de un crímen
el documental…	de carácter informativo
el cartel de la película	póster/anuncio de la película
el tráiler	versión muy corta de una película que presenta escenas elegidas
el guión	texto que contiene todos los diálogos de una película y también las instrucciones del director

Personas, acciones y acontecimientos

el director/la directora	persona que es responsable de la realización de una película y que da instrucciones a los actores, cámaras, etc.
el productor/ la productora	persona que organiza la producción de una película y se ocupa de su financiación
el actor/la actriz	persona que interpreta un papel
~ principal	actor/actriz que representa el/la protagonista de la película
~ secundario, -a	actor/actriz que tiene un papel menos importante
los extras/la figuración	grupo de personas que sólo se ven y que no hablan en la película
los efectos especiales	efectos cinematográficos realizados por medios tecnológicos modernos (por ejemplo, simulaciones por ordenador)
la crítica	opinión sobre una película publicada en un periódico, una revista, Internet
el Festival de Cine	celebración de un concurso cinematográfico
el estreno	primera proyección de una película
obtener un premio/ galardón	recibir una recompensa (en un concurso) por una obra de arte extraordinaria

Informarse

¿Qué ponen en el cine?	¿Qué películas hay en el cine?
la cartelera	lista actual de las películas que aparece publicada en un periódico, por ejemplo
la sinopsis	resumen de la película
la sesión/el pase	función, hora a la que proyectan una película

~ matinal (12:00 h); ~ de las 16:00; ~ de las 19:00; ~ de noche (20:00 h); ~ de madrugada (24:00/1:00)

la entrada	el ticket que se compra para poder entrar
el día del espectador	un día a la semana en el que la entrada cuesta menos

Abreviaturas y símbolos

ADJ	=	adjetivo
Am	=	expresión típica del español de América
AmS	=	expresión típica del español de América del Sur
ang	=	anglicismo, palabra de origen inglés
aprox	=	aproximadamente
aquí:	=	señala un significado específico de la palabra en el contexto
cin	=	lenguaje cinematográfico
coloq	=	coloquial
Cont'd	=	continued. Significa que la escena en cuestión es una continuación de la anterior. Se utiliza comunmente en guiones de cine y televisión
CSur	=	expresión típica del español del Cono Sur
Cuy	=	expresión típica de la región de Cuyo (oeste argentino)
Chi	=	expresión típica del español de Chile
despect	=	despectivo
eufem	=	eufemismo
EXT	=	exterior (la escena tiene lugar al aire libre)
f	=	femenino
fam	=	lenguaje familiar
fig	=	lenguaje figurativo
gal	=	galicismo, palabra de origen francés
GER	=	gerundio
INF	=	infinitivo
INT	=	interior (la escena tiene lugar en una casa/un edificio)
jmd	=	jemand
lit	=	literario
loc	=	locución, giro idiomático
m	=	masculino
Pe	=	expresión del español de Perú
p ej	=	por ejemplo
pl	=	plural
rar	=	expresión de uso poco frecuente
s	=	singular
uc	=	una cosa, algo
up	=	una persona, alguien
V.O.	=	voice over, voz en off (un personaje que habla pero cuya imagen no se ve en la escena)
vulg	=	expresión vulgar
≠	=	contrario de
→	=	remite a una palabra ya conocida